그리스도인답게 **말하기**

Say the Right Thing
by Carolyn Lacey

Copyright ⓒ Carolyn Lacey, 2023
Originally published by The Good Book Company
www.thegoodbook.com
All rights reserved.

This Korean Edition ⓒ Word of Life Press, Seoul, 2024
Translated and published by permission.
Printed in Korea.

그리스도인답게 말하기

ⓒ 생명의말씀사 2024

2024년 5월 24일 1판 1쇄 발행
2024년 10월 31일   2쇄 발행

펴낸이 | 김창영
펴낸곳 | 생명의말씀사

등록 | 1962. 1. 10. No.300-1962-1
주소 | 서울시 종로구 경희궁1길 6 (03176)
전화 | 02)738-6555(본사) · 02)3159-7979(영업)
팩스 | 02)739-3824(본사) · 080-022-8585(영업)

기획편집 | 박경순, 서지연
디자인 | 최종혜
인쇄 | 예원프린팅
제본 | 보경문화사

ISBN 978-89-04-16875-0 (03230)

저작권자의 허락 없이 이 책의 일부 또는 전체를
무단 복제, 전재, 발췌하면 저작권법에 의해 처벌을 받습니다.

그리스도인답게 말하기

캐롤린 레이시 지음
구지원 옮김

세상과 교회에서 우리가 어떻게 말해야
선한 열매를 맺을까?

Say the Right Thing

적용을 위한
묵상 질문
수록

생명의말씀사

나의 반석이시요 나의 구속자이신 여호와여
내 입의 말과
마음의 묵상이
주님 앞에 열납되기를 원하나이다

시편 19편 14절

추천의 말

말은 몹시 중요하다. 말을 지혜롭게 잘 사용하는 법에 관하여 도움을 받아야 할 사람이 많기에 이 책은 그런 이들에게 도움을 제공한다. 각 장은 우리가 사람들과 나누는 일상의 소통에 초점을 맞추어 묵상과 도전과 격려와 소망의 연료를 공급한다. 이 책은 성경에 기초하여 지혜가 가득하며 실생활에 근거했기 때문에 다가가기 쉽게 느껴지고 도전하고픈 용기를 준다.

헬렌 손(Helen Thorne)
Biblical Counselling UK의 훈련 및 자원 디렉터

이 설레는 책에서 캐롤린 레이시는 말이 얼마나 중요한지를 제대로 보게 한다. 말이 어떻게 타인의 삶에 축복을 전달하는 통로가 되는지 보여 준다는 의미다. 그건 단순히 불량한 말을 피하는 문제가

아니다. 캐롤린은 성경 구절을 폭넓게 사용하여 우리에게 용기를 주는데, 이런 그녀의 방식에서 섬세한 목회적 돌봄과 도전을 엿볼 수 있다. 각 장은 독자가 배운 내용을 적용해 보는 묵상 질문으로 마무리된다. 이 책을 강력하게 추천한다.

폴 맬러드(Paul Mallard)
작가이자 강연가

나는 생각 없이 말하기가 일쑤인 사람이어서 말실수에 익숙한데 차마 들어줄 수 없는 실언도 한다. 그래서 이 책을 읽으면서 도전을 받았고 또 한편으로는 위로도 받았다. 캐럴린 레이시는 진리와 은혜를 알맞게 조화시킬 줄 아는 사람이다. 그녀는 하나님의 말씀과 그분 자체에서 발견하는 선하심을 강조한다. 그러고는 모든 상황에서 우리의 말을 통해 그 선하심을 어떻게 반영해야 할지 깊이 생각하게 해 준다. 당신이 무엇을 어떻게 말해야 할지를 놓고 씨름하고 있다면 이 책은 당신에게 큰 도움이 될 것이다.

젠 오시먼(Jen Oshman)
『문화적 위조품』(*Cultural Counterfeits*) 저자

우리의 하나님은 말씀하시는 하나님이시다. 언제나 옳은 것을 올바른 때에 올바른 방법으로 말씀하신다. 하나님의 백성인 우리는 서로에게 그리고 우리가 속해 있는 세상에서 생명과 사랑을 가져다주는 말을 해야 한다. 또 이 책은 말이 선보다 악을 끼치는 것 같은 세상에서 생명과 사랑을 가져다주는 말을 하는 것이 무엇인지의 본질을 놀랍도록 정확히 담아낸다. 『그리스도인답게 말하기』를 다 읽은 후, 나는 나의 언어 습관을 더욱 직시하게 되었다. 모든 대화와 소통에서 주님을 영화롭게 하는 방식으로 말을 하려면, 주님의 도우심이 필요하다는 것을 알게 되었으며 옳은 것을 말하는 사람이 되는 것 자체가 기쁨이요 축복인 것을 깨닫게 되었다. 어둡고 파괴적일 때가 많은 말의 세계에서 밝게 빛나는 이 책은 말을 사용하는 모두를 위한 필독서다.

스티브 로빈슨(Steve Robinson)
리버풀 코너스톤교회 담임 목사

혀를 길들이는 것은 어려운 숙제다. 야고보는 우리의 말이 끼칠 수 있는 해악에 대해 경고한다. 우리는 거짓말과 비방의 말과 신성모독의 말을 해서는 안 된다는 걸 안다. 그러면 어떻게 우리 혀를 훈련해서 선하게 사용할 수 있을까? 이 얇은 책에서 캐롤린 레이시는 경건한 언어사용법 일곱 가지를 살핀다. 이 책에 나오는 실제적이고 솔직한 예화들을 통해, 그녀는 말로 덕을 세우기보다는 허물 때가 더 많은 세상에서 어떻게 우리의 말이 아름다움과 소망과 위로 그 이상을 가져올 수 있는지를 보여 준다. 우리에게 통찰력과 용기를 주는 책이다.

제니 폴록(Jennie Pollock)
『이프 온리』(If Only)의 저자

성경이 우리에게 말하는 방법에 관해 많이 가르치고 있다는 사실은 놀랍지 않다. 그런데 말은 우리의 성화에서 자주 무시되는 영역이다. 이 신선하고 도전적인 책은 경건한 말의 중요성과 아름다움을 상기시킨다. 그리고 핵심 성경 구절을 명쾌하게 주해하며 그것을 일상의 삶에 적용한다. 또 설득력 있는 설명과 예화 그리고 간증을 담고 있으며 각 장 끝에는 묵상을 위한 예리한 질문들도 있다. 이 책은 독자들이 자기 혀를 잘 지키고 그 혀의 말로 이웃을 축복하며 예수님을 높이도록 돕는다.

존 스티븐스(John Stevens)
FIEC 전국 디렉터

contents

추천의 말 06
시작하는 말: "옳은 것을 말하라" 12

1. **실수를 피하고 싶을 때 "지혜를 말하기"** 21
   어디에나 있는 작은 불 / 하나님의 지혜 / 지혜로운 마음, 지혜로운 말 /
   지혜의 습관 / 생명의 능력
   묵상 질문

2. **성장을 위해서 "참된 것을 말하기"** 41
   몸 된 교회 세우기 / 선지자에게서 배우는 교훈 / 진리를 향한 용기 /
   더 진실한 이야기
   묵상 질문

3. **추악한 상황에 있을 때 "아름다움을 말하기"** 61
   백합화에게 배우라 / 더 좋은 이야기 / 아름다움을 찾아내라 /
   아름다움을 말하라 / 더 위대한 보물
   묵상 질문

4. **고통에 직면했을 때 "위로를 말하기"** 79
   내 백성을 위로하라 / 하나님의 성품에 집중 / 고난을 통한 영광 /
   그건 당신에 대한 게 아니다
   묵상 질문

5. 비난하고 싶을 때 "친절을 말하기" 99
   예기치 못한 선물 / 누군가의 딸 / 내 마음을 바꾸소서 /
   친절하게 직면시키기 / 생명의 길 / 가장 친절한 말 / 영혼을 위한 달콤함
   묵상 질문

6. 희망이 없을 때 "복음의 소망 말하기" 119
   뜻밖의 손님 / 소망을 공급받은 삶 / 누군가의 필요를 찾아서 /
   말하는 태도 / 진짜 바깥세상으로
   묵상 질문

7. 장점을 보지 못할 때 "칭찬하고 하나님 찬양하기" 139
   깊은 기쁨 / 칭찬 퍼뜨리기 / 그리스도의 메아리 / 합창에 참여하기 /
   돌들과 함께 외치라
   묵상 질문

감사의 말 158

시작하는 말

"옳은 것을 말하라"

내가 항상 옳은 것만 말하는 건 아니다.

당신도 경험해 봤겠지만, 나 역시 틀린 것을 말해 놓고 너무 늦게 깨달았을 때 부끄러운 적이 있다. 그리고 이어서 옳은 것을 말하고 싶었지만, 무엇을 말해야 할지 몰랐다. 누구도 항상 지혜롭게 옳은 말을 하지는 못한다.

반대로 나는 경우에 합당한 말이 생명을 주는 선물인 것도 경험했다. 나의 거룩한 성장을 돕고 싶어 하는 누군가가 사랑이 담긴 조언을 해 줄 때, 그것이 내 영혼을 살찌우는 선한 선물이 되는 것을 말이다. 하나님의 백성이 그분을 위해 살고자 할 때 하나님은 사람들을 지지하고 격려하며 준비시키는 데 우리의 말을 (비록 그것이 불완전할지라도) 사용하실 수 있다는 것은 간단하면서도 중요한 사실이다.

솔로몬은 "경우에 합당한 말은 아로새긴 은 쟁반에 금 사과니라"(잠 25:11), "온순한 혀는 곧 생명 나무이지만 패역한 혀는 마음을 상하게 하느니라(잠 15:4)"고 말한다. 그리스도인인 나의 말이 상대방의 삶에 이런 긍정적인 영향을 끼쳤으면 좋겠다. 그리고 이 책을 들고 있는 당신도 같은 마음일 것이다. 좋은 소식은 그게 가능하다는 것이다. 그리스도인다운 말을 공부하면 된다.

나는 자라면서 경건한 언행을 위해 '해서는 안 되는 것'에 관해 많이 들었다. 거짓말하지 말라, 맹세하지 말라, 뒷담화하지 말라, 과장하지 말라, 자기를 높이지 말라, 다른 사람의 명예를 훼손하지 말라, 부모님이나 선생님께 말대꾸하지 말라, 신성모독 하지 말아라 등등이 있다. 모두 곤란한 상황에 빠지지 않게 해 주는 좋은 조언들인 데다가 이런 명령들은 경건한 말에 관한 성경의 가르침과 거의 일치한다.

그런데 나의 문제는 이것이었다. 해서는 안 되는 말들은 이제

잘 알겠는데 그런 불경건한 말을 대체할 말이 무엇인지 무지한 것이었다. 그리스도인인 우리는 도대체 무슨 말을 해야 할까? 어쩌면 당신도 나와 똑같은 궁금증을 갖고 있을지 모르겠다.

성경은 우리의 말에 관하여 그것이 단순히 매너 있는 수준, 해를 끼치지 않는 수준에 그쳐서는 안 된다는 비전을 제시한다. 그리고 우리의 말이 매우 다양한 상황에서, 다양한 방법으로 주변 사람들에게 얼마나 긍정적으로 크게 영향을 끼치는지를 보여 준다. 우리의 말은 상처 입은 사람들을 치유하는 능력, 갈등과 두려움이 있는 곳에 평화와 화해를 가져오는 능력, 절망 가운데 살아가는 사람들에게 소망을 제시하는 능력, 슬픔에 빠진 이들에게 기쁨을 주는 능력, 진리로 거짓을 물리치는 능력, 주변 사람들의 삶에 지혜와 아름다움과 은혜를 말하는 능력, 기회가 있을 때마다 하나님의 선하심과 영광을 증언하는 능력이 있다.

내가 이 책을 쓰는 목적은 어떤 말은 되고 어떤 말은 안 되는지를 알려 주려는 게 아니다. 오히려 나는 우리의 말이 갖는 희망찬 비전을 함께 살펴보고 그것을 실제로 실천할 수 있도록 당신을 다듬질해 주고 싶다. 그뿐 아니라 그것은 우리의 힘으로 이루어 내려고 애쓸 문제가 아니라고 당신을 격려하고 싶다.

오직 하나님만이 우리의 말을 다듬으셔서 그것이 우리 안에서와 우리의 말을 듣는 자 안에서 선한 열매를 맺게 하실 수 있다. 하나님은 그것을 원하시고 또 그럴 능력이 있으시다는 게 바로 성경이 전하는 위로다.

옳은 것을 말하는 것은 상냥하게 구는 것이나 예의 바른 것과는 다르다. 그것은 때로는 사람들이 듣고 싶어 하지 않을 때 혹은 잘못된 생각과 행동을 요구할 때도 진리를 말한다는 뜻이다. 그리스도인다운 옳은 말하기는 그곳이 가정이나 일터나 교회나 지역사회나 소셜 미디어나 어디든 상관없이 우리가 말을 사용해서 매일 만나는 사람들에게 선한 일을 하는 것이다. 이것은 우리의 말이 세상에 의해서가 아니라 하나님의 말씀에 의해서 빚어지게 한다.

그리고 우리의 모든 대화와 상호 작용 가운데 하나님께 영광 돌리기를 고대하는 것이다. 이는 슈퍼 그리스도인만 할 수 있는 게 아니다. 누구든지 우리의 말을 (구두로든 온라인으로든) 사용해서 우리 삶 안에 있는 사람들에게 변화를 가져올 수 있다.

어떻게 지혜로운 말을 일궈 낼까? 탈진리의 문화에서 서로에게 진리를 말할 때의 영향력은 무엇일까? 말로 친절하게 군다는 것은 정녕 무엇을 의미할까? 이 질문들은 앞으로 일곱 장에 걸쳐서 우리가 살펴볼 것들이다. 『그리스도인답게 말하기』를 읽고 하나님이 당신의 말을 통해 성취하실 놀라운 일들을 기대하며 당신이 용기를 얻기를 기도한다. 그리고 당신이 말로써 하나님을 영화롭게 하는 일에 더욱 온전케 되기를 기도한다.

> 이러므로 우리도 항상 너희를 위하여 기도함은
> 우리 하나님이 너희를 그 부르심에 합당한 자로 여기시고
> 모든 선을 기뻐함과 믿음의 역사를 능력으로 이루게 하시고
> 우리 하나님과 주 예수 그리스도의 은혜대로
> 우리 주 예수의 이름이 너희 가운데서 영광을 받으시고
> 너희도 그 안에서 영광을 받게 하려 함이라(살후 1:11-12).

그리스도인답게 **말하기**

Say the Right Thing

1

실수를 피하고 싶을 때
"지혜를 말하기"

내 사랑하는 형제들아 너희가 알지니 사람마다 듣기는 속히 하고
말하기는 더디 하며 성내기도 더디 하라
야고보서 1장 19절

1938년 10월 31일, 배우이자 시나리오 작가인 오슨 웰스는 자기가 언론에 엄청난 후폭풍을 일으켰다는 걸 알게 되었다. 바로 전날 저녁, 웰스와 그의 극단은 H. G. 웰스의 소설 『우주 전쟁』 (The War of the Worlds)을 각색한 작품을 라디오에서 연기했다. 웰스는 그 소설을 창의적으로 바꾸어 화성인이 뉴저지를 침공한다는 가짜 뉴스 속보를 올렸다. 그런데 소설 속 뉴스 리포터가 독가스에 질식사하고 상상 속 화성인들이 뉴욕을 점령하자, 혼란에 빠진 청취자들이 연극의 속보를 생방송 뉴스로 오해했다. 미국 전역이 패닉에 빠졌다.

화성인이 침공했다고 실제로 믿은 사람은 거의 없었지만, 많은 사람이 독일이 침공했다고 믿었다. 그리고 그런 사람들의 겁에 질린 전화가 라디오 방송국과 신문사에 빗발쳤다. 언론은 오슨 웰스의 방송이 전국적인 히스테리를 불러일으켰다고 확신했다. 다음 날 아침, 웰스는 전국이 혼돈에 빠졌고 화가 난 청취자들이 그런 재난을 일으킨 그를 암살하려 한다는 뉴스를 들으며 잠에서 깼다.

재미있는 상상력이 웰스에게는 악몽이 되었다. 이에 대해 그는 이렇게 말했다. "그것은 내 경력을 망치는 최고의 계획이었다."

웰스는 자기 말이 가져올 영향력을 전혀 예상하지 못했다. 그리고 알게 된 후에는 너무 늦어 버렸다. 자기 실수가 낳은 결과를 깨달았을 때 느꼈을 가슴 철렁한 느낌을 한번 상상해 보라. 자신이 초래한 상처를 깨닫게 되었을 때 느꼈을 죄책감을, 향후 자기 경력에 끼칠 손해를 감지했을 때 느꼈을 소화불량 같은 답답함을 말이다.

당신에게도 익숙한 감정들이 아닌가? 당신과 내가 비록 전국적인 히스테리를 초래할 만한 말의 영향력을 갖고 있지는 않더라도, 우리는 모두 생각 없이 말했을 때 찾아오는 당혹감, 수치심, 후회스러움의 감정이 뭔지 안다. 모임에서 아무짝에도 쓸모없는 말을 하거나 멍청한 말을 해놓고는 그냥 가만히 있을 걸 했던 때가 얼마나 많았던가! 가족이나 친구의 고민에 공감하지 못한 채 상처 주는 대꾸를 해놓고는 잠 못 든 밤이 얼마나 많았던가! 부주의하고 부적절한 말을 성급하게 내뱉기는 쉽지만, 그 성급한 말이 우리와 상대방에게 가져다줄 해악을 원상태로 돌리기는 훨씬 더 어렵다.

그런데 걱정할 필요가 없다. 사도 야고보는 이렇게 말한다.

> 오직 위로부터 난 지혜는 첫째 성결하고 다음에 화평하고
> 관용하고 양순하며 긍휼과 선한 열매가 가득하고
> 편견과 거짓이 없나니 화평하게 하는 자들은
> 화평으로 심어 의의 열매를 거두느니라(약 3:17-18).

위로부터 난 지혜를 가지고 말하는 법을 배우는 게 가능하다! 위로부터 난 지혜는 이 땅에서 나누는 일상의 대화에 영향을 미칠 것이다. 그러면 우리는 지혜로운 방법으로 지혜로운 말을 해서 주변 사람들 안에서 의의 열매를 거두게 될 것이다. 이것이 바로 이번 장에서 초점을 맞추려는 내용이다. 왠지 불가능하게 느껴진다 해도 걱정할 필요 없다. 그 이유는 사도 야고보가 알려 줄 것이다.

어디에나 있는 작은 불

야고보는 편지 앞부분에서 혀를 강렬하게 묘사하는데, 마치 혀를 온몸을 더럽히고 불사르는 사나운 불길에 거리낌 없이 무모하게 달려가는 난폭한 킬러에 빗댄다. 혀는 비록 작지만, 우리 몸의 지체 중에서 그만한 힘을 가진 것은 없다.

> 이와 같이 혀도 작은 지체로되 큰 것을 자랑하도다 보라
> 얼마나 작은 불이 얼마나 많은 나무를 태우는가 혀는 곧 불이요
> 불의의 세계라 혀는 우리 지체 중에서 온 몸을 더럽히고
> 삶의 수레바퀴를 불사르나니 그 사르는 것이 지옥 불에서
> 나느니라 … 혀는 능히 길들일 사람이 없나니 쉬지 아니하는 악
> 이요 죽이는 독이 가득한 것이라(약 3:5-6, 8).

혀가 가진 힘에 대해 당신이 과연 얼마나 자주 이런 식으로 생각하는지 모르겠다. 사실 난 거의 없다! 그런데 매일 당신과 나는 혀라는 대량살상무기를 몸에 장착한 채 집, 학교, 일터, 상점, 병원, 은행, 교회에 들어간다. 그리고 그 무기가 일으킬 혼돈에 관한 생각을 멈추지 않는다. 짜증 난 목소리가 자녀를 울면서 잠자리에 들게 할 수 있다. 가혹한 비난이 사랑하는 이에게 상처를 주고 향후 수년간 비통에 빠지게 할 수 있다. 무해하다고 생각하는 농담이 그리스도 안의 형제자매를 수치에 빠뜨리고 기를 죽일 수

도 있다. 그리고 가벼운 뒷담화가 평판을 나쁘게 만들고 우정에 금이 가게 할 수 있다.

당신도 다른 누군가의 말에 상처받았던 경험을 떠올릴 수 있을 것이다. 그게 비록 덧없이 지나간 것이었을 뿐이라도 말이다. 회의 때 나눈 아이디어에 관해 직장 동료가 보인 반응 때문에 자존감이 낮아졌던 경험이 있을 수도 있다. 선생님이 남긴 실망스러운 평가가 여태 기억 언저리에 머물러 있을 수도 있을 것이다. 또는 부모에게서 반복적으로 들었던 비난을 되새김질하거나, 부모가 편애하는 형제자매가 받았던 인정과 그 비난을 비교할 수도 있다. 혹은 친구의 농담이 항상 당신을 겨냥한다고 느낄 수도 있을 것이다.

내 친구 중에 십 년간 섭식장애와 싸우는 친구가 있다. 그 원인은 십 대 때 조부모가 반복적으로 그녀의 외모를 비난했던 경험에서 비롯되었다. 최근에 어느 기사를 읽었는데, 한 의사의 명성이 그에게 전문성이 부족하다고 거짓 소문을 퍼뜨린 어떤 불행한 환자에 의해 망가졌다. 또한 화가 나서 내뱉는 무자비한 말에 의해 가족 관계가 산산이 깨지고 만다는 사실도 우리는 모두 잘 알고 있다. 혀의 파괴적인 힘을 보여 주는 증거를 찾으려고 멀리 둘러볼 필요가 없다.

먼저 지혜롭게 말하기 위해 고려할 것이 있다. 우리는 무슨 말을 할지 생각하기 전에 일단 말을 할지 말지부터 심사숙고해야 한다. 지혜로운 말은 느리고 사려 깊다.

우리는 "듣기는 속히 하고 말하기는 더디 하라"(약 1:19)는 야고보의 경고에 주목해야 한다.

2차 세계대전 때 미국 전쟁정보국은 다음과 같은 문구를 만들었다. "가벼운 입술이 함선을 가라앉힌다." 그것은 적군의 첩보원들에게 무의식적으로 유용한 정보를 흘릴 가능성을 낮추려는 캠페인의 일환이었다. "부주의한 대화의 대가는 목숨이다"라는 캠페인의 기본 메시지 아래, 전 세계적으로 다양한 슬로건들이 나왔다. 그런 메시지를 우리의 언어 사용에 적용해 보는 것도 좋을 것이다.

하나님의 지혜

그럼, 해결책은 무엇일까? 말을 유익하게 하고 해를 끼치지 않는 게 실제로 가능한가? 혀로 지는 싸움을 싸우고 있는 것은 아닌가? 정말 침묵은 금이요, 아무 말 하지 않는 것이 최선책일지 모른다!

하지만 나는 항상 옳은 것을 말할 줄 아는 그리스도인들이 있다고 확신한다. 그들의 말은 야고보가 묘사한 것처럼 지혜와 통찰력과 평안으로 가득하다. 내 친구 제이미도 그렇다. 그녀는 말에 있어서 차분하고 신중한데, 끼어들지 않으며 진지한 문제를 성급한 해결책으로 하찮게 만들지도 않는다. 나는 언제나 그녀의 온유함과 너그러움에 깜짝 놀란다. 그녀의 비결은 무엇일까?

첫째, 제이미는 경청한다. 문제를 정확히 이해하기까지는 조언하지 않는데 사실 관계를 확신하기까지는 상황에 관한 판단을 내리지 않는다. 그런데 사실 그러려면 시간이 걸린다! 일단 저지르고 나중에 생각하는 편인 우리 문화에서는 말하기를 멈추고 상황을 명확히 이해하는 것(그리고 어떤 반응을 보이기 전에 지혜를 구하는 기도를 하는 것)을 자연스럽지 않게 여긴다. 하지만 잘 듣기 위해 시간을 들이면 잘 대답할 가능성이 높아진다.

둘째, 제이미는 지혜롭게 말한다. 이는 그녀가 예수님에게서 하나님의 지혜(고전 1:24)를 배우고 있기 때문이다. 당신은 '예수님이 지금 이 땅에 살고 계신다면 얼마나 좋을까. 그러면 무엇이 옳은 말이고 옳은 행동인지를 나에게 말씀해 주실 텐데'라고 생각할 때가 있을 것이다. 그런데 예수님은 우리가 그분의 말씀을 펼칠 때마다 그분의 영으로 우리에게 말씀하신다는 것을 잊지 말아야 한다. 사실 우리가 직면한 모든 딜레마에 관하여 일일이 대답하지는 않으신다. 하지만 우리가 그분의 말씀을 읽다 보면, 예수님은 우리가 지혜 안에서 자라나 그분이 원하시는 방식대로 반응할 수 있도록 도우신다.

어쩌면 지혜롭게 말하는 것은 '무엇을 말하느냐' 보다 '어떻게 말하느냐'인 것이 더욱 명확한 것 같다. 몇 년 전, 나는 바울이 에

베소 사람들에게 보낸 편지를 암송하고 묵상하면서 몇 주를 보냈다. 얼마 후, 나에게 불친절한 태도로 말하는 누군가 때문에 화가 나는 상황에 놓이게 되었다. 나의 자연스러운 충동은 사나운 질책으로 되갚아 주는 것이었지만, 그때 익숙했던 말씀이 마음속에 떠올랐다.

> 모든 겸손과 온유로 하고 오래 참음으로
> 사랑 가운데서 서로 용납하고 (엡 4:2).

성령님이 내가 지혜롭게 반응하는 데 필요한 진리를 깨우쳐 주셨다. 그러자 긴장이 빠르게 사그라졌다. 하나님의 말씀 안에서 보낸 시간이 내 생각을 새롭게 하고 내 마음을 변화시킨 것이다. 그리고 그것이 내 말에 영향을 끼쳤다.

놀랄 일이 아니다. 이스라엘의 가장 지혜로운 왕 솔로몬은 잠언 9장 10절에서 이렇게 말한다.

> 여호와를 경외하는 것이 지혜의 근본이요
> 거룩하신 자를 아는 것이 명철이니라.

그러므로 우리가 (말하는 말투와 내용 면에서) 지혜 안에서 성장하기를 원한다면, 그분의 말씀을 통해 하나님을 더욱 알아야 한다. 말씀

안에 더욱 잠겨야 하고 말씀에 겸손히 순종하면서 우리를 변화시키시는 성령님의 일하심에 순복해야 한다.

지혜로운 마음, 지혜로운 말

우리가 하나님의 말씀을 알고 하나님에 의해 변화되는 것에 초점을 맞춰야 하는 이유는, 지혜롭게 말하는 것이 단지 순간순간 혀를 통제하는 것이나 신중하고 통찰력 있는 조언을 하는 게 아니기 때문이다. 지혜롭게 말하는 것은 그보다 더 깊이, 즉 우리의 마음속에까지 들어간다.

야고보는 혀에 대해 그토록 생생하게 묘사한 후에 스스로 지혜롭다고 여긴다면 삶으로 그것을 증명하라는(약 3:13) 도전장을 내민다. 주제가 갑작스럽게 변한 게 아니다. 앞절에서 야고보는 우리의 말이 우리의 마음 안에 있는 것을 반영한다고 하였다. 나무에서 나는 열매가 그 나무의 종류를 보여 주는 것처럼, 우리 입술에서 나오는 말이 우리가 가진 마음의 종류를 보여 준다고 말이다(12절). 야고보는 지금 마태복음 12장의 예수님의 가르침을 상기시키고 있는 것이다.

독사의 자식들아 너희는 악하니 어떻게 선한 말을 할 수 있느냐 이는 마음에 가득한 것을 입으로 말함이라 선한 사람은

그 쌓은 선에서 선한 것을 내고 악한 사람은
그 쌓은 악에서 악한 것을 내느니라(마 12:34-35).

성급하고 어리석고 해로운 말은 교만한 마음, 독한 시기와 다툼으로 가득한 마음의 열매다(약 3:14). 하지만 하나님이 주신 지혜는 성결한 마음과 선한 열매가 가득한 말로 귀결된다. 지혜로운 말은 지혜로운 마음과 떼려야 뗄 수가 없다. 아니, 우리의 마음이 지혜로운지를 밝히는 것은 우리의 말을 통해서다.

우리는 지혜란 좋은 조언에 불과하다고, 지혜로운 사람은 올바른 행동 방향을 제시할 만큼 인생 경험이 풍부한 사람이라고 생각하기 쉽다. 하지만 야고보서 3장 17-18절을 다시 보라.

오직 위로부터 난 지혜는 첫째 성결하고 다음에 화평하고
관용하고 양순하며 긍휼과 선한 열매가 가득하고
편견과 거짓이 없나니 화평하게 하는 자들은
화평으로 심어 의의 열매를 거두느니라.

우리가 지혜 안에서 자라 감에 따라 우리는 아주 자연스럽게 이런 종류의 말을 하게 될 것이다. 이런 종류의 말은 통제되지 않은 혀와는 정반대이며 단지 지각 있는 조언을 해 주는 것보다 훨씬 더 좋다! 우리의 말이 성결할 수 있고 화평하며 관용하고 양순

하며 긍휼하고 공정하며 신실할 수 있다. 우리가 그분 안에 거할 때 예수님이 우리 안에서 자라게 하시는 선한 열매를 우리의 말이 반영할 수 있다. 게다가 누군가가 신중한 결정을 내리는 결과를 낳을 뿐 아니라 훨씬 더 중요한 것, 곧 의의 열매를 거두는 결과를 낳을 수 있다. 정말 희망을 주는 말씀이다!

우리의 말이 이러하다는 것은, 첫째, 우리의 말이 하나님을 영화롭게 할 것을 의미한다. 우리는 자신에 관해 말하기보다 그분에 관해 말하기를 원할 것이며 참되고 선하고 아름다운 것들에 이목을 집중시키기를 원할 것이다. 감사와 감탄과 용서와 화해의 말은 속히 할 것이며 부당함으로 인해 고통당하는 자들을 위해 우리의 말을 사용할 것이다. 그리고 우리의 대화가 "항상 은혜 가운데서" 이루어지게 할 것이다(골 4:6).

둘째, 다른 사람들이 우리의 말을 통해 하나님께로 더 가까이 나아갈 것을 의미한다. 만약 우리가 말을 지혜롭게 사용한다면, 예상컨대, 다른 사람들은 선한 영향력을 받을 것이다. 거칠게 화내는 말을 피하고 온화함을 선택한다면, 싸움이 커지기 전에 잠재울 수 있다. 우리 자신뿐 아니라 우리의 대화 상대도 죄를 짓지 않게 지킬 수 있다. 성급한 비난 대신 긍휼의 말을 선택한다면, 상대방을 허물어뜨리기보다는 상대방을 세우게 된다. 가족 구성원이나 이웃 간의 말싸움에서 편애 없이 공정하게 반응한다면, 그들에게 존경과 존중을 표현하게 된다.

솔로몬은 이렇게 말한다.

칼로 찌름 같이 함부로 말하는 자가 있거니와
지혜로운 자의 혀는 양약과 같으니라(잠 12:18).

이 구절의 상반절이 설명하는 바를 (특히 소셜 미디어에서) 찾아내는 일은 그다지 어렵지 않다. 사람들은 만난 적 없고 아는 바도 거의 없는 사람들을 쉽게 비난하며 희화화하는 일에 동참한다. 우리는 별다른 생각 없이 SNS를 할지 모르지만, 그것들은 평판과 관계 또는 생명을 망치는 데 이용될 수 있다. 마치 칼을 휘두르고 있는 것이나 다름없다.

하지만 우리는 함부로 말하지 않고 지혜롭게 말하기를 선택할 수 있다. 부주의한 사람은 통제되지 않은 혀로 고통과 어려움을 일으키지만, 지혜로운 사람은 상쾌함과 치유를 가져올 수 있다. 우리는 최선을 믿고 최악을 용서하기로 선택할 수 있다. 그리고 말싸움에서 이기는 것보다 친구와 가족을 사랑하기로 선택할 수 있다. 그뿐만 아니라 어려움에 처한 사람들을 업신여김이 아닌 정중함으로 대하기로 (입으로든 글로든) 선택할 수 있다. 또한 우리의 말을 격려와 인정과 세움에 사용하기로 선택할 수 있다. 이것이 바로 지혜롭게 말하는 것의 진정한 의미다.

슬프게도, 모든 관계가 지혜로운 말로 치유되거나 개선되는 건 아니라는 점을 덧붙여야겠다. 때로는 우리가 최선의 노력을 기울였음에도 불구하고 사람들은 계속해서 갈등과 상처를 뒤쫓는다. 그런 상황에서는 가장 지혜로운 말조차 충분하지 못할 것이다. 그럴 때 우리는 잠시 혹은 영원히 한걸음 뒤로 물러나야 한다.

그런데 대부분 그렇게 하지 못한다. 그러므로 당신이 그렇게 경험한 게 아니라면, 나는 당신이 다음의 것들을 깊이 생각해 보기를 바란다. 당신은 대체로 언제 거칠고 성급하게 말하는가? 당신이 온화하지 못하며 관용 없이 공격적으로 말하는 대상은 누구인가? 당신은 어떤 상황에서 불공정하고 매섭게 구는 경향이 있는가? 지금 잠시 멈추어서 당신의 말이 긍휼과 선한 열매로 가득하도록 당신의 마음을 성결하고 화평하게 바꾸어 달라고 기도하라. 그래야 당신의 혀가 해로움이 아닌 치유를 가져올 것이다.

지혜의 습관

지혜로운 말을 하기 위해 첫 번째로 기도가 필요한데, 이에 몇 가지 도움이 될 만한 실제적인 조언이 있다. 이미 우리는 지혜로워지는 최선책은 하나님의 말씀에 푹 잠기는 것임을 살펴보았다. 하지만 순간순간의 소통을 할 때는 어떤가? 갑작스럽게 어려운 대화에 끼게 되었을 때 옳은 것을 말하도록 자신을 훈련하려면 어떻게 해야 할까? 혹은 친구나 동료의 말에 동의하지 않을 때는 어떻게 해야 할까?

한 가지 핵심적인 조언은 (내 친구 제이미처럼) 그저 들으라는 것이다. 잠언 18장 13절은 이렇게 말한다. "사연을 듣기 전에 대답하는 자는 미련하여 욕을 당하느니라."

듣는 것은 어렵다. 겸손과 자기 절제를 요구하기 때문이다. 다른 사람의 말에 끼어드는 것은 그들의 말에 집중하기보다 우리가 말하려는 것에 우리가 더 많이 신경 쓴다는 걸 보여 준다. 우리의 말이 다른 사람의 말보다 더 필요하고 재미있으며 유익하다고 간주하는 것이다. 그룹 채팅이나 회의나 성경 공부를 우리의 관점으로 독차지하는 건, 소중한 기여를 하고 있는 타인을 무시한 채 자신을 그 방에서 가장 중요한 화자로 높이는 것이다. 의도적으로 그렇게 하는 건 아닐지 몰라도, 우리의 혀는 우리의 교만과 자제력 부족을 쉽게 들추어낸다.

그렇다면 우리는 어떻게 속도를 늦추는 법을, 즉 듣기는 속히 하고 말하기는 더디 하는 법을 배울까? 여기 우리가 대화를 시작하기 전에 속으로 자문해 볼 만한 질문들이 몇 개 있다.

- 나는 이 사람의 말을 주의 깊게 경청했는가? 그 의미를 온전히 이해했는가? 아니면 그 의미를 설명해 달라고 부탁해야 하는가?
- 나의 의견 또는 조언을 말해 달라는 요청을 받고 있는가? 아

니면 그저 듣고 이해해 달라는 요청을 받고 있는가?
- 나에겐 이 대화에 도움이 될 만한 것이 있는가? 이런 상황에 대한 더 많은 지혜나 경험 또는 지식을 갖춘 사람이 있는가?
- 긴장이나 분노를 가라앉히기 위해 무슨 말을 할 수 있을까?
- 격려나 위로나 지지를 하기 위해 무슨 말을 할 수 있을까?
- 나의 말이 도움이 될까, 아니면 해가 될까?

이것이 죄를 짓지 않게 해 주는 절대적인 안전장치는 아니지만, 말하기 전에 생각하는 습관을 기르는 것은 우리의 말로 끼칠 해로움을 제한할 수 있다. 나는 잠언 10장 19절을 좋아한다.

말이 많으면 허물을 면하기 어려우나
그 입술을 제어하는 자는 지혜가 있느니라.

앞서 나는 혀가 마음속에서 일어나는 일을 들추어낸다고 말했지만, 그 순서가 뒤바뀔 수도 있다. 예를 들어, 감사를 말하기로 선택하면 감사와 존경의 감정이 증대되는 반면, 누군가에게 불친절하게 말하면 그들에 대한 불친절한 감정이 돋구어진다. 그러므로 혀를 훈련하고 길들이는 것이 마음을 훈련하고 길들이는 방법이다.

어쩌면 당신은 '내가 피해자일 때는 어떻게 하지?'라고 생각하고 있을지 모르겠다. 사람들이 우리를 향해 불친절하고 불공정하고 거짓된 말을 할 때도 여전히 천천히 말해야 할까? 프랜시스 호지슨 버넷의 『세라 이야기』(*A Little Princess*)에서 열한 살 소녀인 세라 크루는 나보다 훨씬 더 지혜롭다. 여기 그녀의 조언을 한번 살펴 보자.

사람들이 당신을 모욕할 때는 한마디도 하지 않는 것만 한 게 없어요. 그냥 그들을 쳐다보면서 생각하는 거죠. 당신이 벌컥 화를 내지 않으면, 사람들은 당신이 그들보다 더 강하다는 걸 알게 돼요. 당신은 분노를 참을 만큼 충분히 강하지만, 그들은 그렇지 못하고 자기가 하지 않기를 바랐던 어리석은 말을 내뱉기 때문이에요. 분노만큼 강한 것은 없지만, 분노를 참게 하는 것만큼 강하지는 못하죠. 그게 더 강해요. 원수에게 대꾸하지 않는 것이 최고의 방법이에요.

물론, 말이 행동보다 더 쉽다. 우리 중에 분노를 다스리기 위해 고군분투하는 사람이 있다는 걸 안다. 하지만 말이 많아져서 죄가 많아진다면, 적어도 어떻게 반응할지에 관해 생각하고 기도할 시간을 갖기까지 침묵을 지키는 것이 합리적인 본능이다. 누군가가 나에게 불친절하고 부당하게 굴 때, 나는 속으로 '이 사람은 하나님의 형상대로 지어진 사람이다. 존엄하게 대하라'고 되뇌는 것이 도움이 된다는 걸 알게 되었다. 나의 기분을 상하게 만든 사람이 그리스도인이라면, 나는 '그리스도께서 이 사람을 위해서도 돌아가셨어. 이 사람의 명예를 실추시켜서 그리스도의 명예를 실추시킬 수는 없어'라고 혼잣말을 한다. 이런 반응이 자연스럽게 나오기까지 오랜 시간이 걸렸다(그리고 여전히 나는 자주 실패한다). 하지만 규칙적인 연습이 도움이 되었다. 누군가가 당신에게 말로 죄를 지을 때 이런 비슷한 시도를 해 볼 수 있을 것이다. 만약 당신이 정말로 혀를 통제할 수 없다면, 나중에 후회할 말을 하기 전에 그곳을 벗어나기를 추천한다.

생명의 능력

야고보는 "혀는 능히 길들일 사람이 없나니 쉬지 아니하는 악이요 죽이는 독이 가득한 것이라"고 말한다(약 3:8). 하지만 좋은 소식이 있다. 우리는 혀를 길들일 수 없을지 몰라도 하나님은 하실 수 있다는 것이다. 통제 불가능한 혀의 문제에 대한 답은, 혀가 들추어내는 마음을 다루는 것이다. 그리고 하나님은 우리 마음을 새롭게 하실 수 있다(겔 36:26). 하나님은 우리의 자기애와 자기중심성의 마음을 바꾸셔서 그리스도를 사랑하고 타인을 향할 수 있게 하신다. 하나님은 우리의 죄성을 선을 향한 갈망으로 바꾸실 수 있다. 우리 자신의 영광과 명예에 대한 열정이 아니라 그분의 영광과 명예에 대한 열정에 불을 붙이실 수 있다. 그래서 그 결과, 혀는 의의 도구가 된다. 이것은 우리에게뿐 아니라 우리와 말하는 상대방에게도 유익이 된다. 솔로몬은 이렇게 말한다.

> 사람은 입에서 나오는 열매로 말미암아 배부르게 되나니
> 곧 그의 입술에서 나는 것으로 말미암아 만족하게 되느니라
> 죽고 사는 것이 혀의 힘에 달렸나니 혀를 쓰기 좋아하는 자는
> 혀의 열매를 먹으리라(잠 18:20-21).

근면한 농부가 부지런히 씨를 뿌리고 채소를 가꾸는 장면을 상상해 보자. 그녀는 추수 때에 배를 든든히 채우고 만족하기 위해서 작물을 돌본다. 수확이 빈약하면 배고프게 될 것이고 그러면 이 가족은 굶어 죽게 될지도 모른다. 그녀의 생명과 다른 이들의 생명이 그녀의 작물에 달려 있기에 그녀는 모든 것을 쏟아붓는데 모든 수고마다 사랑과 정성이 들어 있다.

마찬가지로, 우리는 우리의 말을 돌봐야 한다. 말의 수확은 풍성하든지 빈약하든지 둘 중 하나일 것이기 때문이다. 거친 말, 불친절한 말, 비하하는 말, 비난하는 말, 거짓된 말을 선택할 때, 그 말은 우리의 영혼에 해를 입히고 다른 이들에게 상처를 준다. 그러면 우리가 아끼는 사람들에게 상처를 입힌 것에 대해 후회를 하고 자제력이 없었던 것을 부끄럽게 여기게 된다. 그리고 보복

을 (혹은 사람들이 우리를 덜 생각하게 될 것을) 두려워하게 된다. 이렇게 우리의 혀는 우리뿐 아니라 주변 사람들에게도 상처를 준다.

그러므로 우리는 말을 지혜롭게 해야 한다. 진실한 말, 희망찬 말, 격려하는 말, 친절한 말, 위로하는 말을 할 때, 우리는 그 말이 낳는 선한 열매에 만족하게 될 것이다. 우리의 격려 덕분에 성장하고 번창하는 다른 이들을 볼 때, 우리는 기쁨을 경험할 것이다. 고통당하는 사람들에게 위로와 치유를 가져다줄 기회를 얻었음에 감사할 것이다. 사람들의 반응이 어떠하든지, 우리의 말이 하늘 아버지를 기쁘시게 해드린 것을 알고 만족하며 감사하게 될 것이다.

지혜에 이르는 길은 빠르거나 쉽지 않다. 때로는 좌절감을 준다. 하지만 지혜가 생명으로 인도한다면, 그 길은 선택할 가치가 충분한 길이다.

묵·상·질·문

1. 당신의 혀를 무기라고 생각해 본 적이 있는가? 혀의 (해로운 혹은 치유하는) 힘을 기억하는 것이 당신이 일상에서 하는 말에 어떤 영향을 끼치는가?

2. 말의 지혜가 있다고 생각하는 사람을 떠올려 보라. 그들이 대화 중에 경청하고 반응하는 방식에서 어떤 점이 특별한가? 그들에게서 무엇을 배울 수 있을까?

3. 당신은 특히 어떤 상황에서 생각보다 말이 앞서는가? 반응하기 전에 잠시 멈추어 기도하고 잘 경청하도록 도울 수 있는 것은 무엇일까?

4. 솔로몬은 "칼로 찌름 같이 함부로 말하는 자가 있거니와 지혜로운 자의 혀는 양약과 같으니라"(잠 12:18)고 말한다. 현재 당신의 말이 어떤 상황에 있는 사람에게 치유를 가져다줄 수 있을까?

2

성장을 위해서
"참된 것을 말하기"

그런즉 거짓을 버리고 각각 그 이웃과 더불어 참된 것을 말하라
이는 우리가 서로 지체가 됨이라
에베소서 4장 25절

2021년 3월, 대서양 양변의 수많은 사람이 오프라 윈프리의 인터뷰를 시청했다. 인터뷰 상대는 서식스의 공작 부부, 해리와 메건이었다. 오프라가 메건에게 물었다. "오늘 당신이 '진실을 말하는 것'을 왕실이 주시할 텐데 심정이 어떤가요?"

'진실을 말하라.' 오프라가 이 표현을 쓴 건 저 인터뷰가 처음이 아니었다. 2018년 골든 글로브에서 공로상을 수상할 때, 오프라는 "내가 정말 확신하는 건, 진실을 말하는 것, 그것이 바로 우리 모두가 가진 가장 강력한 도구라는 거예요"라고 자신 있게 선포했다.

정말 설득력 있는 말이다. 정말 누가 당신보다 당신의 이야기를 더 잘 알 수 있을까? 누가 당신이 경험한 진실에 시비를 걸 수 있을까? 그리고 당신이 진실을 말하지 않을 때 과연 당신이 진실한 모습으로 있다고 할 수 있을까?

그런데 '나의 진실을 말하는 것'은 나의 진실이 타인의 반대되는 진실과 부딪히기 전까지만 강력하다. 진실들이 서로 충돌하고 갈등할 때 누구의 진실이 이길까? 불가피하게도, 더 강력한 사람, 더 유창한 사람, 더 영향력 있는 사람의 진실이 이긴다. '당신의 진실을 말하라'는 힘을 실어 주는 주장이지만, 이는 나의 진실이 주변 사람들에게 고통을 일으키기 전까지만 그렇다. 즉, 그것이 파괴적이고 상처를 입힌다는 걸 알게 된 가족이나 친구가 내게서 멀어지기 전까지만, 아무도 함께 나의 진실을 즐기려 하지 않고 나를 외롭게 내버려두기 전까지만 말이다.

오프라가 메건에게 그녀의 진실을 말하는 것을 주시하고 있을 왕실에 대해 어떻게 느끼냐고 물었을 때, 거기에는 그것이 잠재적으로 왕실 가족과의 관계에 균열을 일으킬 수 있다는 의미가 함축되어 있었다. 그렇다. 오프라가 옳았다!

당신의 여동생이 당신만큼 빠르게 결정을 내리지 못할 때, 혹은 당신만큼 한결같이 약속을 지켜 내지 못할 때, 당신이 얼마나 화가 날지 생각해 보자. 당신이 느낄 좌절감은 합당한 것이지만, 만약 당신이 당신의 진실을 부적절한 말투로 부적절한 때에 말한다면, 당신은 여동생의 마음을 상하게 하고 둘의 관계를 깨뜨리는 위험을 무릅쓰게 된다.

어느 교회 친구가 자신이 벗어나려고 애쓰는 죄의 굴레에 대해 털어놓았다고 생각해 보자. 당신이 생각할 때 그 행실은 그 친구가 벌써 수년 전에 직면하고 해결했어야 할 문제였다. 만약 당신이 당신의 진실하고 솔직한 마음을 너무 열심히 설파한다면, 친구와의 우정을 해치게 되고 그가 신앙 안에서 성장하고 성숙해지도록 도울 기회도 놓치기 쉽다.

'당신의 진실을 말하라'는 해방에 관련된 철학처럼 들릴지 모르지만, 거기에는 깊은 결함이 있다. 성경이 각 사람에게 명령하는 것은 당신의 진실이 아니라 참된 것(진리)을 말하라는 것이다. 게다가 그것을 말하는 목적은 단순히 우리의 이야기를 나누거나 우리의 감정을 터뜨리기 위함이 아니다(물론 때로는 그런 것들도 중요하다). 참된 것을 말해야 하는 성경적 이유는 영적 성숙을 위해서다. 개인의 성숙뿐 아니라 신자들의 몸 된 교회 전체의 성장과 성숙을 위해서다.

당신이 이에 대해 전에 생각해 본 적이 있는지 모르겠다. 당신이 쓰는 말에 있어서 하나님의 뜻은, 당신의 말이 그리스도의 몸 된 교회를 성숙하게 해야 한다는 것이다. 어떻게 그럴 수 있을까? 우리가 서로에게 말해야 할 참된 것이 무엇일까? 그리고 그 과정에서 방해가 되는 장애물을 어떻게 극복할 수 있을까?

몸 된 교회 세우기

사도 바울은 에베소에 보낸 편지에서 이렇게 말한다.

> 그런즉 거짓을 버리고 각각 그 이웃과 더불어 참된 것을 말하라 이는 우리가 서로 지체가 됨이라(엡 4:25).

참된 것을 말해야 하는 동기가 그의 가르침에 포함되어 있다. 그것은 바로 우리가 한 몸의 지체이기 때문이다. 바울은 참된 것을 말해야 하는 이유가 하나님이 거짓말을 미워하시기 때문(잠 6:16-17)이라거나 제9계명이 이웃에 대하여 거짓 증거 하지 말라고 가르치기 때문(출 20:16)이라고 말하지 않는다. 오히려 바울은 이 가르침의 근거를 그리스도의 몸이라는 우리의 공동체로서의 정체성에 둔다. 우리가 서로에게 참된 것, 진리를 말해야 하는 이유는, 우리가 같은 몸의 지체이기 때문이며 우리의 목표는 한 몸으로 성숙해지는 것이기 때문이다. 바울은 바로 몇 구절 앞에서 독자들에게 이렇게 상기시킨다.

> 오직 사랑 안에서 참된 것을 하여 범사에 그에게까지 자랄지라 그는 머리니 곧 그리스도라(엡 4:15).

바울이 "사랑 안에서 참된 것을 (말)하라"고 가르치는 것은, 그가 다른 신자들에게서 죄와 연약함에 반응하는 두 가지 경향을 발견하기 때문이다.

첫째는 사랑을 위로와 혼동하는 것이다. 때때로 우리는 누군가를 사랑하는 것이 그리스도의 명예를 실추시키는 그들의 삶을 눈감아 주는 것이라고 믿고 싶은 유혹에 빠진다. 친구의 신앙이나 행실이 잘못이라고 반박하는 성경의 가르침에 관해 말하기를 꺼린다. 잠재적 어색함과 오해의 문을 열기보다는 편안하지만 얕은 관계를 누리기를 선호한다. 나 역시 수많은 경험이 생각난다. 친구가 다른 사람에 관해 불쾌한 말이나 거짓말을 할 때, 혹은 비난하거나 불평할 때, 그를 그 점에 대해 직면하게 해야 한다는 것을 알면서도, 나는 그런 불편함을 마주할 수 없었다. 그럴 때는 최대한 그런 대화를 멀리 미뤄 두었다.

둘째는 참된 것을 고수하는 데 너무나 헌신한 나머지 교회를 세우기보다는 거짓된 사고를 무너뜨리는 것에 더욱 신경을 쓰는 것이다. 우리는 '사랑 안에서 참된 것을 (말)하라'는 문구를 기독교식의 '당신의 진실을 말하라'와 동급으로 사용할 때가 많다. 그 문구를 사랑이 담긴 말투로는 뭐든 말해도 된다는 핑계로 삼는 것이다. 하지만 그것은 바울이 "참된 것을 말하라"고 할 때 염두에 둔 것이 아니다. 바울은 신자들에게 기분이 한결 나아질 수 있으니 속마음을 털어놓으라고 허용해 주는 게 아니다. 그렇지 않다. 그의 의도는 몸 된 교회의 지체가 서로 참된 것을 말함으로써 점점 더 그리스도를 닮도록 성장하는 것이다. 그리고 "사랑 안에서" 그렇게 하라는 것은 단순히 사랑이 담긴 말투를 사용하라는 뜻이 아니라, 말의 목적과 잠재적 결과를 생각하라는 뜻이다.

예수님은 그분의 몸 된 교회가 그분의 말씀, 즉 참된 진리의 말씀(시 119:43)으로 양분을 얻고 양육되도록 계획하셨다. 그래서 사랑 안에서 참된 것을 말하는 것은 우리가 동의하지 않는 모든 관점을 교정하거나 다른 신자가 표현하는 모든 미숙한 신앙을 바로잡는 것과는 다르다. 그것은 예수님을 사랑하고 예수님을 반영하는 방식으로, 참된 말씀으로 서로를 세우는 모든 것이다.

그리스도를 닮지 않은 행실을 지적하지 말라는 뜻이 아니다. 그것은 오히려 사랑이 아니다. 우리의 목표는 단순한 교정이 아니며 우리의 동기는 좌절이 아니다. 경건하지 못한 행실을 지적할 때는 몸 된 교회의 모든 지체가 그리스도를 더욱 닮기를 바라는 신실함에서 비롯되어야 한다. 그 말은 우리가 누군가를 죄로부터 불러낼 뿐 아니라 거룩으로 부른다는 의미다. 우리의 지적은 우리가 인정하는 행실이나 따라야 하는 행실을 위해서가 아니라, 하나님의 말씀 안에서 발견한 가르침과 그에 맞는 행실을 위해서다.

하나님의 말씀은 우리의 진실이 아니라 참된 것, 즉 진리다. 그러므로 사랑 안에서 참된 것을 말하는 것은 (행실이나 신앙을 다루고 있을 때라도) 하나님의 말씀이라는 참된 진리를 말하는 것이다.

성경학자 그레그 비일은 말한다.

그리스도를 닮아 가는 우리의 성장은 서로를 통해 하나님의 말씀에 지속적으로 노출됨으로써만 가능하다. … 그리스도의 몸이자 하나님의 처소인 성전은 신자들이 서로에게 말하는 하나님의 말씀에 힘입어 성장한다(『성전으로 읽는 성경 이야기』[God Dwells Among Us], 부흥과개혁사 역간).

하나님의 말씀이라는 참된 것을 서로에게 말하다 보면 우리는 그리스도를 닮게 성장할 것이다. 그것이 우리가 "온갖 교훈의 풍조에 밀려 요동하지"(엡 4:14) 않게 해 줄 것이다. 만약 우리의 목표가 공동체를 세워서 견고하게 하는 것이라면, 우리는 그것을 사랑의 마음가짐에서 하게 될 것이다. 전수를 따지나 자기의 지식을 자랑하거나 남을 비하하려는 마음이 아니라, 몸 된 교회가 더욱 그리스도를 닮아 가기를 바라는 신실한 마음에서 하게 될 것이다.

이것은 자만심과 성급함과 분노가 아니라 겸손과 온유와 오래 참음으로 말한다는 뜻이다. 성경을 어떻게 적용할지보다는 성경이 정말로 말하는 바가 무엇인지를 주의 깊게 살핀다는 뜻이다. 개인의 선호나 양심의 문제보다는 복음에 관한 핵심 쟁점을 교정하는 데 집중한다는 뜻이다.

당신의 친구가 주일에 슈퍼마켓에 가는지 안 가는지 신경 쓰지 말고 그가 구원을 얻기 위해 자기 의가 아니라 예수님의 온전하신 삶과 죽음에 의지하고 있는지를 살피기로 선택하라.

이것은 정말 쉽지 않다. 당신의 성격에 따라 이런 성향을 보이기도, 저런 성향을 보이기도 할 것이다. 참된 것을 말하는 데 너무 집중한 나머지 잠시 멈추어서 당신의 말이 교회를 세우기 위해 사랑에서 비롯된 것인지를 미처 살피지 못할지도 모른다. 반대로 사랑하는 데 너무 집중한 나머지 어색하거나 마음이 상하는 위험이 있을 때는 진리를 말하기를 꺼릴지도 모른다.

우리의 타고난 성향이 무엇이건, 진리를 흐리는 자가 아닌 몸을 세우는 자가 되려면 우리에겐 지혜와 도우심이 필요하다. 올바름과 인정에 대한 필요를 모두 내려놓을 때, 성령님이 우리의 말을 통해 형제자매들이 믿음 안에서 견고해지게 하실 수 있다. 그래서 몸 된 교회가 비로소 머리 되신 그리스도를 더 닮아가게 하실 것이다.

선지자에게서 배우는 교훈

하나님이 나단 선지자를 보내어 다윗왕에게 진리를 말하게 하셨을 때, 나단은 위험을 잘 알고 있었을 것이다. 다윗은 이스라엘에서 가장 큰 권력을 가진 사람이었다. 나단은 이전에도 다윗에게 하나님의 말씀을 전한 적이 있지만, 그것은 하나님이 다윗과 그의 자손을 축복하시겠다는 약속이었다(삼하 7장). 그 상황에서는 진리를 말하기 위해 치러야 할 대가가 거의 없었다. 그런데 지금은 나단이 다윗을 그의 죄에 직면시켜야 한다는 점에서 그 위험이 더 컸다. 다윗이 홧김에 나단을 죽일 수도 있었다. 어쨌거나 다윗은 전에 자기의 안전을 위협하던 이를 죽이라고 명령한 적이 있지 않은가(삼하 11:15).

수년간 다윗은 전심으로 여호와를 경배하고 높이며 섬겨 왔지만, 지금은 여호와를 향한 헌신보다 자기 사랑을 선택했다. 그는 이스라엘의 군대를 전쟁터에 보내 놓고 자기는 호화롭고 안락한 집에 머물렀다. 그뿐만 아니라 다른 남자의 아내인 밧세바를 취했고 그녀를 임신시켜 버렸다. 그러고는 회개하며 그 결과를 받아들이기보다 오히려 그것을 덮으려 했다. 밧세바의 남편인 우리아를 전쟁터에서 불러들여서 아내와 하룻밤을 보내게 함으로써 모든 사람이 그 아이가 우리아의 아이라고 생각하게끔 상황을 정리했다. 하지만 우리아는 다윗의 계획에 따라 주지 않았다. 그래서 다윗은 우리아가 죽을 수 있는 최전방에 그를 보냈는데 정말 잔인했고 비겁한 행동이었다. 다윗은 자신의 지위와 권력을 남용해서 다른 사람의 인생을 파멸시킨 것이다.

게다가 다윗은 속히 회개하지 않았다. 심지어 밧세바를 아내로 삼아 궁으로 데려왔고 수개월 동안 하나님을 향한 그 마음은 완고했다. 나단이 그를 죄에 직면시키고 나서 비로소 다윗은 죄를 고백하고 회복된 것이다.

> 그러한데 어찌하여 네가 여호와의 말씀을 업신여기고
> 나 보기에 악을 행하였느냐 네가 칼로 헷 사람 우리아를 치되
> 암몬 자손의 칼로 죽이고 그의 아내를 빼앗아
> 네 아내로 삼았도다(삼하 12:9).

나단의 꾸짖음 이후, 다윗은 회개했고 하나님은 그의 죄를 용서하셨다. 그래서 다윗과 하나님과의 관계는 회복되었으며 다윗은 다시 전심으로 하나님을 따르게 되었다. 이런 회개와 회복의 열쇠는 바로 사랑 안에서 참된 것을 말해 준 친구였다.

나단과 다윗의 대화에서 몇 가지 배울 점이 있다.

첫째, 나단은 하나님이 그러라고 하셨기 때문에 말했다. 그는 하나님의 음성을 듣고 그대로 순종했던 것이다. 자신의 감정을 따른 게 아니었다.

> 이스라엘의 하나님 여호와께서 이와 같이 이르시기를(7절).

사실 당신과 내가 하나님으로부터 저렇게 직접적이고 상세한 메시지를 듣는 일은 일상적이지 않다. 하지만 때때로 하나님은

죄를 다루시고 회복과 치유를 가져오시기 위하여 우리가 이웃에게 참된 것을 말하게 하신다. 하나님이 그렇게 하실 때, 우리는 순종할 수 있을까? 나단은 다윗과의 관계나 다윗의 기분을 상하게 할 수도 있다는 두려움 때문에 다윗이 죄를 직면시키게 하는 일을 피하지 않았다. 그는 사람보다 하나님을 두려워했기 때문에 기꺼이 참된 것을 말했다.

둘째, 나단은 다윗이 잘못한 모든 것을 일일이 따지면서 강압적으로 접근하지 않았다. 오히려 한 가지 이야기로 접근했다.

> 한 성읍에 두 사람이 있는데 한 사람은 부하고 한 사람은 가난하니 그 부한 사람은 양과 소가 심히 많으나 가난한 사람은 아무것도 없고 자기가 사서 기르는 작은 암양 새끼 한 마리뿐이라 그 암양 새끼는 그와 그의 자식과 함께 자라며 그가 먹는 것을 먹으며 그의 잔으로 마시며 그의 품에 누우므로 그에게는 딸처럼 되었거늘(삼하 12:1-3).

나단이 가난한 사람에 관하여 자세히 말한 덕분에 다윗은 그 남자에게 공감할 수 있었다. 양에 대한 그 남자의 필요와 사랑을 다윗도 느끼게 된 것이었다. 그렇게 자연스럽게 다윗은 다음에 전개될 이야기에 경악할 준비가 되어 있었다.

어떤 행인이 그 부자에게 오매 부자가 자기에게 온 행인을 위하여 자기의 양과 소를 아껴 잡지 아니하고 가난한 사람의 양 새끼를 빼앗아다가 자기에게 온 사람을 위하여 잡았나이다(4절).

우리는 이미 이 가난한 남자를 불쌍히 여겼기에 부자가 그 남자에게 불의하고 잔인하게 행동했다는 점을 깨닫기가 쉽다. 이 이야기는 탐욕과 이기심과 타인에 대한 무시를 폭로한다. 그래서 다윗이 보인 반응은 당연하다.

다윗이 그 사람으로 말미암아 노하여 나단에게 이르되 여호와의 살아 계심을 두고 맹세하노니 이 일을 행한 그 사람은 마땅히 죽을 자라 그가 불쌍히 여기지 아니하고 이런 일을 행하였으니 그 양 새끼를 네 배나 갚아 주어야 하리라 한지라(5-6절).

바로 그때 나단은 다윗에게 그의 죄를 직면시켰다.

나단이 다윗에게 이르되 당신이 그 사람이라(7절).

나단의 접근법은 정말 지혜로웠다. 우리는 보통 자신의 죄를 뚜렷이 자각하기 어렵다. 그래서 우리의 행위가 어떻게 하나님께 죄가 되고 다른 이들에게 불명예가 되는지를 이해하려면 도움이 필요하다. 다윗은 자신의 죄를 숨기려 했고 마치 아무런 잘못도 하지 않은 것처럼 그대로 이어 가려 했다. 다윗의 마음이 완고해져 있었기에 만일 나단이 직접적으로 그를 직면시켰다면 다윗은 제대로 반응하지 않았을지 모른다. 하지만 나단의 비유를 통해 다윗이 자신의 죄를 뚜렷이 볼 수 있었고 자기가 저지른 잘못의 무게도 느낄 수 있게 해 주었다.

형제나 자매에게 자신의 죄를 직면시켜야 한다면, 말을 지혜롭게 선택해야 한다. 그들이 저지른 잘못의 목록을 전부 나열하고 회개를 촉구하는 것은 거의 도움이 되지 않는다. 당신의 목표는 그가 수치심을 느끼게 하는 것이 아니라 그를 도와주는 것이기 때문이다. 그들이 자신의 행실이 어떻게 하나님께 죄가 되고 다른 이들에게 상처가 되었는지를 부드럽게 깨달을 수 있는 질문을 던져도 좋을 것이다. 혹은 과거에 유사한 죄를 지었던 당신을 하나님이 어떻게 꾸짖으셨으며 어떻게 변화시키셨는지를 나누어도 좋겠다. 또는 그들의 상황과 연관된 성경 이야기도 있을 것이다. 그래서 그 부분을 함께 읽고 우리의 삶과 어떻게 연결되는지를 나누자고 제안하는 방법도 있다. 당신이 어떤 접근법을 취하든, 당신의 목적은 당신의 벗이 자기 죄의 무게를 느끼도록 부드럽게 돕는 것이다. 그 무게에 짓눌려서 부서져 버리는 게 아니라 회개하고 용서받도록 말이다.

셋째, 나단의 참된 것을 말하는 행동은 회개뿐 아니라 회복으로 귀결되었다.

> 다윗이 나단에게 이르되 내가 여호와께 죄를 범하였노라 하매 나단이 다윗에게 말하되 여호와께서도 당신의 죄를 사하셨나니 당신이 죽지 아니하려니와(13절).

자신의 죄를 확실히 직면하게 되었을 때, 다윗의 반응은 즉각적인 회개였다. 그리고 그에 대한 하나님의 반응은 즉각적인 용서였다. 사실 모세의 율법 아래서 간음에 대한 형벌은 죽음이었다. 아마도 그래서 다윗은 자기 죄를 그토록 숨기려고 했을 것이다. 하지만 하나님은 자비를 보여 주셨다. 다윗이 그 죄로 인해 벌을 받을 필요가 없도록 다윗의 죄를 가져가신다. 나단은 다윗이 하나님 앞에서 죄를 지었다고 참된 것을 말해서 죄를 직면시켰다. 그뿐 아니라 그는 하나님이 죄를 사하신다는 참된 것을 말하여 다윗을 위로하였다. 하나님이 우리를 나단처럼 동일하게 사용하시기를 기도하자. 그리고 무엇을 말할지를 확실히 정하기 전에 상대방에게서 어떤 회복과 치유가 일어날지를 생각해 보자.

물론, 항상 회복이 뒤따른다는 보장은 없다. 당신에게든 다른 사람에게든 이미 일어난 일에 대한 참된 것을 말할 때, 당신은 그 죄악 된 행동이 부인당하거나 다시 저질러지는 경우를 만나게 될 수도 있다. 이런 일이 생기거든, 주님은 진리를 말하는 자들을 사랑하시고(시 15:1-2) 결국엔 모든 불의를 다루신다(잠 22:8)는 사실을 기억하며 위로를 받았으면 좋겠다. 당신은 혼자가 아니다.

진리를 향한 용기

영적인 성장을 위해 참된 것을 말하는 것은 대개 자연스럽지 않다. 참된 말을 하는 것이 옳은 (그리고 가장 사랑이 담긴) 행동이라는 것을 알지만, 오히려 침묵을 선택했던 때를 떠올릴 수 있는가? 나는 교정이 필요한 사람들에게 참된 것을 말하기를 회피했던 때가 떠오른다. 교회에서 멀어지는 선택을 한 친구, 소그룹의 구성원을 험담하던 여인, 성경에 어긋나는 자료를 추천하던 사람 등이 생각난다. 또한 보호가 필요한 사람들을 위하여 참된 것을 말하기를 회피했던 때를 떠올릴 수 있다. 견해를 무시당하던 우리 마을 사람들, 마땅히 받아야 할 존엄한 대우를 받지 못한 태아들과 장애인들 등이 있다.

그에 관한 변명은 쉽다. "모두를 대변할 순 없잖아요." 하지만 맞서 싸울 순 있잖은가. "현명한 사람은 말하기를 더디 한다고요." 하지만 때때로 침묵은 가장 사랑이 덜 담긴 행동 아닐까? 친구가 위험을 향해 돌진할 때 침묵을 지키는 것은 그를 사랑하지 않는 행동이다. 누군가가 학대를 당하거나 부당하게 취급될 때 아무 말 않는 것이 비겁한 행동이다.

마틴 루서 킹은 흑인에 대한 차별과 흑인의 시민권을 위해 싸우기를 거부하는 수많은 미국인에 관해 다음과 같이 분명히 밝혔다. "결국 우리는 우리 적들의 말이 아닌, 우리 동료들의 침묵을 기억할 것입니다"("양심의 나팔 소리"[The Trumpet of Conscience], 스틸러 강의, 1967년 11월). 이런 상황에서는 참된 것을 말하는 것이 사랑이다.

당신은 언제 참된 말하는 것이 두려운가? 누군가의 인정을 잃게 될 위험이 있을 때인가? 아니면 어색함이나 긴장감을 낳을 때인가? 아니면 그냥 피곤해서 길고 소모적인 대화를 마주할 수 없을 때인가? 나는 이런 상황들이 전부 두렵다. 우리는 이와 같은 느낌이 들 때 안락함과 인정과 통제의 우상을 이길 힘을 달라고 성령님께 요청해야 한다. 그리고 우리가 말해야 할 대상에 대한 사랑을 구해야 한다. 그뿐만 아니라 무슨 말을 해야 할지에 관한 지혜도 간구해야 한다. 예수님은 진리의 성령님이 오시면 우리를 모든 진리 가운데로 인도하시리라고 약속하셨기에, 우리는 성령님이 응답하실 것을 확신할 수 있다(요 16:13).

다소 어렵게 느껴지더라도 당황할 필요 없다. 하나님이 우리를 가족으로 삼으시기 전에, 우리는 마귀에게 속해 있었고 그 길을 따랐었다. 예수님은 마귀를 "거짓말쟁이요 거짓의 아비"(요 8:44)라고 부르신다. 그러므로 거짓의 반대인 참된 것, 진리는 우리의 모국어가 아니다. 거짓말, 과장, 아첨, 조작, 비난, 영광을 가로채는 말이 사실 모국어다. 하지만 예수님은 우리를 자유롭게 하는 진리, 예수님처럼 말하게 해 주는 진리를 알라고 가르치신다.

더 진실한 이야기

그리스도인이 되고 나서 수년 동안, 나는 참된 것을 말하는 것은 곧 거짓말을 하지 않는 것을 의미한다고 생각했다. 나는 제9계명인 "네 이웃에 대하여 거짓 증거하지 말라"(출 20:16)는 알고 있었다. 하지만 하나님은 우리의 말에 대해 그보다 훨씬 더 긍정적인 비전을 갖고 계시다는 것을 몰랐다. 그분은 단지 거짓말을 피하라고 우리를 부르신 게 아니다. 서로에게 적극적으로 성경의 진리(성경에서 말하는 참된 것)를 말하라고 부르신 거다. 흑암의 권세에서 건짐을 받아 하나님의 아들의 나라로 옮겨졌다는 진리를(골 1:13), 간절히 고대하는 영광스러운 유산을 받는다는 진리를(벧전 1:3-5) 그리고 예수님과 같은 형상으로 변화되리라는 진리를(고후 3:18) 서로에게 일깨워주라고 우리를 부르신다. 우리는 누구나 이런 식으로 진리를 말할 수 있다. 죄와 불의에 맞서는 것만 말하는 게 아니라, 하나님의 말씀으로 서로를 격려하고 우리가 속한 더 진실한 이야기를 상기시키면서 매일 진리를 말하는 것이다.

교회 식구들을 떠올려 보자. 하늘 아버지에 의해 용서받고 용납되었다는 진리로 이번 주에는 누구를 격려할 수 있을까? 이 세상이 전부가 아니라는 사실과 새 창조에서의 삶이 기쁨과 평화로 가득하리라는 사실을 상기시킴으로써 누구를 북돋울 수 있을까? 경건에 있어서 더디게 성장하는 것 때문에 낙담한 이는 누구일까? 오늘만 하더라도, 당신이 전화하거나 메시지를 보내서 하나님은 그분이 시작하신 일을 끝까지 이루실 것임을(빌 1:6) 상기시켜 줄 대상이 있을 것이다.

예수님은 피차 가르치며 권면하고 시와 찬송과 신령한 노래로 서로 화답하라고(엡 5:19; 골 3:16) 우리를 부르신다. 그것은 단지 거짓말을 피하는 것보다 훨씬 더 아름다운 비전이다.

묵·상·질·문

1. 참된 것을 말하지 않으려는 유혹을 가장 많이 받을 때는 언제인가? 그런 상황에서 당신은 무엇을 두려워하는가?

2. 우리가 다 그리스도의 몸의 한 지체됨을 기억하는 것은 우리가 다른 신자에게 참된 것을 말하는 방식에 어떤 변화를 가져와야 하는가?

3. 나단이 다윗에게 참된 것을 말하는 방식에서 당신에게 가장 놀라웠던 점은 무엇인가? 동기, 방법, 결과를 심사숙고하는 것이 죄를 직면시키는 상황에서 어떤 도움이 될까?

4. 바울은 "오직 사랑 안에서 참된 것을 (말)하여 범사에 그에게까지 자릴지라 그는 머리니 곧 그리스도라"(엡 4:15)고 말한다. 이번 주에 당신이 참된 것을 말함으로써 교회 식구 중에 누군가를 믿음 안에서 성장하도록 도울 수 있는 특별한 방법이 있을까?

3

추악한 상황에 있을 때
"아름다움을 말하기"

> 무엇에든지 참되며 무엇에든지 경건하며 무엇에든지 옳으며 무엇에든지 정결하며
> 무엇에든지 사랑받을 만하며 무엇에든지 칭찬받을 만하며 무슨 덕이 있든지
> 무슨 기림이 있든지 이것들을 생각하라
> 빌립보서 4장 8절

당신은 세상을 아름답게 느끼는지 궁금하다.

아쉽게도 세상이 아름답지 않게 느껴지는 순간이 많다. 우리 세상의 사운드트랙은 시끄럽고 무자비하다. "더 잘해라, 더 열심히 일해라, 성공을 쟁취해라, 최고가 되어라"의 강한 비트에서 벗어나기가 어렵다. 거기에 귀를 기울이면 진이 빠지고 낙심되기도 한다. 만일 더 잘할 수 없다면? 열심히 일하지만, 그럼에도 목표 달성에 실패한다면, 어떻게 되는 걸까? 이렇게 지독한 싸움 한복판에서는 아름다움을 생각할 여유가 없다. 그뿐만 아니라 뉴스를

틀거나 소셜 미디어 피드를 내릴 때마다 두려움과 절망으로 끌어당기는 세계적 비극, 사회적 불안, 대규모 재난에 관한 우울한 노래들이 가득하다. 일할 때, 쉴 때, 심지어 예배할 때도, 비난, 험담, 냉소, 비관주의가 우리를 따라다닌다. 그런 부정적인 음악을 끄고 싶다고 생각하지만, 오히려 따라 부르고 있는 자신을 발견하게 된다.

그런데 우리는 이때 다른 노래를 부를 수 있다.

사라예보 포위전은 현대사의 기록 중에 가장 긴 포위전이다. 1992년 4월부터 1996년 2월까지 적군의 무자비한 포위 공격에 맞서는 동안 수천 명의 시민이 죽임당했다. 아파트, 상업 지구, 학교가 파괴되었으며 전기도, 가스도, 물도, 교통수단도, 산업도 없이 휑한 도시만 남겨졌다.

하지만 그때 전쟁의 추악함과 혼돈의 한복판에서 한 남자가 아름다움을 보여줬다. 보스니아 헤르체고비나 출신의 첼리스트인 베드란 스마일로비치는 폐허가 된 거리와 건물 사이에 앉아 슬픔과 두려움에 빠진 사라예보 사람들을 위해 첼로를 연주한 것이다. 그는 2년 동안 여러 장소를 찾아가며 연주했다. 엄청난 고통 속에서 그의 아름다운 연주를 통해 그들에게 치유와 소망을 선물해 준 것이다.

예수님의 제자인 우리는 새 노래로 노래하라고 부름을 받았다. 이 세상을 사는 우리는 세상의 추악함을 무시할 수 없고 무시해서도 안 된다. 그렇지만 베드란 스마일로비치처럼 우리도 더 아름다운 노래로 세상의 아름답지 못한 사운드트랙을 중단시킬 수 있다.

2장에서 우리는 진리를 말하는 것에 대해 살펴보았다. 이번 장에서는 아름답고 선한 것들을 말하는 법을 생각해 보려 한다. 수세기 동안 철학자들은 진리가 없다면 진짜 아름다움과 선도 없는 것인지 논쟁해 왔다. 하지만 나는, 진리를 수호하고 장려하려는 올바른 욕구에서 비롯된 것이긴 하지만, 많은 그리스도인이 아름다운 모든 것에 관해 생각하고 말하는 것의 중요성을 간과하는 건 아닌지가 우려된다. 어쩌면 당신은 당신의 말의 아름다움이 얼마나 중요한지를 생각해 본 적이 없을 수도 있다. 나는 이번 장이 당신에게 다른 관점을 선물하기를 소망한다.

백합화에게 배우라

아름다움을 정의하는 것은 어렵지만, 아름다움을 보면 (혹은 듣고 냄새 맡고 만지고 맛보면) 아름다움을 자연스럽게 알게 된다. 아름다움은 우리 안에 어떤 반응을 끌어내는데 설령 그것이 "우와!"라는 감탄사에 불과할지라도 말이다. 숨을 멎게 만드는 일몰, 잊히지 않는 음악, 부드러운 비단의 감촉, 향기로운 꽃내음, 완벽한 라즈베리 판나코타(이탈리아식 푸딩) 등 아름다운 것이 많다. 글을 쓰는 지금,

친구가 사 준 향초의 은은한 매실 향기, 그리고 부엌 화병에 담긴 카네이션의 강렬한 붉은 꽃잎에 내 마음은 일렁인다.

하나님은 세상을 아름다운 것으로 가득 채우셨다. 그 일부가 죄로 인해 망가진 것이 사실이지만, 우리가 시간을 들여 찾으려고만 한다면, 남아 있는 아름다움은 어마어마하다. 문제는, 우리가 잘 찾으려 하지 않는다는 것이다. 우리는 하루 중에 잘못된 일, 불쾌한 말, 어려운 인간관계, 실망과 좌절과 후회 등 부정적인 것에 초점을 맞추기가 더 쉽다.

하지만 모든 아름다움의 원천이자 모든 아름다움이 가리키는 분을 아는 자들인 우리는, 망대에 서서 우리가 찾을 수 있는 모든 힌트를 찾아내야 한다. 기독교 작가인 댈러스 윌러드는 이렇게 말했다. "아름다움은 하나님의 선하심을 느낄 수 있게 드러난 것이다"(conversatio.org/discipleship-as-life-in-the-kingdom). "우와!"라는 감탄을 불러오는 것들을 우리가 보고 듣고 만지고 맛보고 냄새 맡을 때, 우리는 하나님의 선하심을 경험하며 그것이 우리의 관점을 변화시킨다. 베드란 스마일로비치의 아름다운 음악처럼 말이다.

누가복음 12장에서 예수님은 제자들에게 우리가 다 아름답게 여기는 자연에 관해 말씀하신다. 그런데 단순히 자연 자체를 위해 아름다운 것을 언급하시는 것이 아니고 예수님은 제자들의 관점을 바꾸고 싶어 하신다. 그들이 경험하는 아름다움이 그들의 마음을 하나님께로 향하게 만들기를 원하시는 것이다. 하나님은 아름다움을 통해 자신을 계시하는 분이시기 때문이다.

> 백합화를 생각하여 보라 실도 만들지 않고 짜지도 아니하느니라 그러나 내가 너희에게 말하노니 솔로몬의 모든 영광으로도 입은 것이 이 꽃 하나만큼 훌륭하지 못하였느니라 오늘 있다가 내일 아궁이에 던져지는 들풀도 하나님이 이렇게 입히시거든 하물며 너희일까보냐 믿음이 작은 자들아(눅 12:27-28).

봄날에 팔레스타인의 들판은 양귀비, 데이지, 바람꽃, 튤립, 시클라멘, 붓꽃, 층층이부채꽃, 금잔화 등의 수많은 아름다운 야생화로 뒤덮인다. 이런 꽃들은 원예가의 돌봄을 받지도 않고 자신을 돌보지도 않는다. 그럼에도 그 아름다움은 이스라엘의 가장 부유했던 왕이 입은 옷보다 낫다!

그런데 이 꽃들에 감탄하고 그 아름다움을 누려야 하는 것 외에, 그 꽃들은 하나님이 자기 백성을 돌보신다는 것에 관하여 중요한 가르침을 준다. 하나님이 불과 며칠 동안만 살다가 시들어 죽는 꽃들(사 40:7)에 그토록 아름다운 옷을 제공하신다면, 영원토록 살면서 하나님을 찬양할 그분의 자녀들은 얼마나 확실히 돌보시겠는가. 예수님은 자연의 아름다움을 사용하셔서 청중의 마음을 재조정하신다. 많이 소유하지 못한 것에 대한 염려를, 그들의 필요를 아시고 공급하실 하나님을 의지하고 신뢰하는 마음으로 바꾸신다.

> 너희는 무엇을 먹을까 무엇을 마실까 하여 구하지 말며 근심하지도 말라 이 모든 것은 세상 백성들이 구하는 것이라 너희 아버지께서는 이런 것이 너희에게 있어야 할 것을 아시느니라 다만 너희는 그의 나라를 구하라 그리하면 이런 것들을 너희에게 더하시리라(눅 12:29-31).

창조의 아름다움은 예수님의 제자들에게 능력과 사랑이 많으신 하늘 아버지가 계심을 일깨워 준다. 그분은 그들을 돌보실 수 있으시며 그러기를 기뻐하신다. 이것은 그들이 불신자가 염려하는 것들에 대해 염려할 필요가 없고 훨씬 더 큰 것을 자유로이 추구할 수 있음을 의미한다. 바로 하나님의 나라다.

예수님이 자기주장을 설명하시기 위해 아름다움을 강조하셨던 것은 이뿐만이 아니다. 예수님은 (예를 들어, 마 13:3-9; 막 4:26-32; 눅 6:43-44에서) 종종 자연을 언급하셨다. 그리고 아름다운 헌신의 행위에 주목하셨다(막 12:41-44; 14:6). 그 방법이 효과적인 이유는, 아름다움이라는 추상적인 개념이 우리에게 감성적인 영향을 주기 때문이다. 그러므로 아름다움은 우리의 사고와 행실에 영향을 주기가 더 쉽다. 또한 이것이 우리가 아름답고 선한 모든 것에 관하여 말할 때 기대하는 바이기도 하다.

더 좋은 이야기

빌립보서 4장 8절에서 바울은 신자들이 무엇에든지 참되며 무엇에든지 경건하며 무엇에든지 옳으며 무엇에든지 정결하며 무엇에든지 사랑받을 만하며 무엇에든지 칭찬받을 만한 것들을 생각해야 한다고 말한다. 요약하자면 "덕이 되고 칭송할 만한 것이 있다면 그것들을 생각하라"는 것이다. 바울은 덕이 되고 칭송할 만한 것이 아닌 것들에 집중하기가 얼마나 쉬운지를 알고 있다. 거짓되고 비열하며 부당하고 더러우며 추악한 것들, 관심을 기울일 가치가 없는 것들, 그리고 하나님의 선하심을 의심하게 만들고 불신앙과 불경건을 부추기는 것들에 말이다. 하지만 덕이 되고 칭송할 만한 것에 우리의 생각을 돌리면 거짓된 사고를 바로잡고 기쁨을 회복하게 될 것이다.

아름다움이 더 이상 안 보이게 되면, 우리는 쉽게 지치고 따분해지고 환멸을 느낀다. 그래서 그런 삶은 윤기를 잃어버린다. 망가진 세상에 압도당할 때, 우리가 정결하고 사랑받을 만하며 칭찬받을 만한 것에 집중하면, 우리의 관점은 새로워지고 구속의 이야기를 다시 떠올리게 된다. 새 창조가 이미 시작되었다는 사실을, 언젠가 하나님이 망가진 만물을 새롭게 완성하시리라는 사실을 되새기게 된다. 용서와 화해의 이야기를 들을 때, 우리는 사랑하는 이들과의 불편한 인간관계가 언젠가는 회복되리라고 믿게 된다. 생판 모르는 이들이 난민들과 자연재해의 희생자들에게 쉼터와 도움을 제공하는 것을 목격할 때, 작은 친절에 동참하려는 용기가 생기고 그것이 냉소주의를 몰아내게 된다.

그런데 우리는 이런 아름다운 것들을 무시한 채 우리 입술을 걱정 근심과 냉소주의로 채우기가 쉽다. 세상의 선한 것보다는 잘못된 것에 온통 집중하고 만사에 두려움을 과장해서 나눈다. 우리 입술을 걱정 근심과 냉소주의로 채우는 것은 우리에게도, 상대방에게도 거의 도움이 되지 않는다. 만일 그렇게 한다면, 부정적인 감정을 강화해서 일을 더 악화시킬 뿐이다.

그리스도인인 우리는 더 좋은 이야기가 있고 더 아름다운 것이 있다는 걸 안다. 일상의 평범한 순간에서 하나님의 선하심을 찾아내고 그것을 이웃과 나누는 훈련을 통해서 아름다움을 드러낼 수 있다. 그렇다고 흉하고 망가진 것에 대해서는 말하지 말아야 한다는 뜻이 아니다. 물론 세상의 악을 고발하는 일은 옳고 세상에 대한 슬픔과 분노를 표현해야 한다. 하지만 우리는 하나님의 선하심이 훨씬 더 크다는 걸 알기 때문에 기뻐할 수 있다. 우리가 하나님의 선하심을 발견할 때마다 그 기회를 취할 수 있다.

예를 들어, 다윗이 시편 23편에서 보여 준 게 그것이다. 다윗은 세상의 추악함을 적나라하게 알고 있다. 해(4절)와 원수(5절), 심지어 사망(4절)까지도 마주하고 있다. 하지만 아름다움(하나님의 선하심에 대한 생생한 경험)은 그런 것들을 소망의 관점에서 보게 해 준다. 그는 자신을 목자이신 하나님의 돌보심 안에서 안전하고 든든한 양과 동일시한다. 하나님이 그를 "푸른 풀밭"(2절)에 누이시고 "쉴 만한 물가"(2절)로 인도하시며 "의의 길"(3절)로 안내하실 때 섭리하시고 보호하실 것을 잘 알고 있다. 게다가 음침한 골짜기를 걸어갈 때도 두려워하지 않는 이유는 목자가 자기와 함께하시고(4절) 목자의 지팡이와 막대기가 자기를 위로하실 것을 잘 알기 때문이다.

5절에서 다윗은 잔칫상, 기름 부음, 축복이 넘치는 잔을 묘사하는데 그것들은 마음의 두려움을 쫓아내고 하나님을 향하도록 해 주는, 세상에 있는 아름다움의 이미지다. 다윗은 자기를 따라다니시며 영원한 본향으로 인도하시는 하나님의 아름다움과 사랑을 잘 알고 있다.

> 내 사는 동안 날마다
> 주님의 아름다움과 사랑이 나를 따르리니,
> 나, 하나님의 집으로 돌아가
> 평생토록 그곳에서 살겠습니다(6절, 메시지 성경).

다윗은 아름다움을 기뻐한다. 그리고 그 아름다움 덕분에 그의 초점은 일시적인 것에서 영원한 것으로 옮겨 간다. 추악함과 해로움을 뚫고 빛나는 선함과 아름다움을 보는 것이다. 그는 추하고 망가진 것을 가져가 진실로 아름답게 바꾸실 하나님의 능력을 확신한다. 이것이 바로 우리가 대화 상대에게 나누어 주어야 할 이야기다.

흉측한 상황이 순전한 아름다움으로 바뀌는 과정을 볼 최적의 장소는 십자가다. 탐욕스러운 한 제자의 배신 때문에 예수님은 겟세마네 동산에서 체포되셨다. 대제사장의 집에서 경비들은 예수님을 희롱하고 때렸다. 뜰 밖에서는 또 한 명의 제자가 예수님을 전혀 모른다고 부인했다. 대제사장의 집에서 총독의 궁전에 이를 때까지, 예루살렘의 더러운 길거리에서 십자가형이 치러질 언덕에 이를 때까지, 거짓말과 거짓 고소가 계속해서 이어졌다. 십자가 주변에 모여든 무리는 관리들이 비웃을 때, 군인들이 희롱할 때, 옆에 달린 행악자 중 하나가 모욕할 때, 그냥 지켜보기만 했다. 그곳은 가장 추악한 상황, 아름다움이 철저히 감추어진 장소인 것처럼 보인다. 하지만 아니었다.

예수님은 십자가에 달리시며 가장 아름다운 말을 하셨다. "아버지 저들을 사하여 주옵소서 자기들이 하는 것을 알지 못함이니이다"(눅 23:34). 자기를 죽이는 자들을 위해 기도하실 때, 어머니에 대한 돌봄을 부탁하실 때(요 19:26-27), 옆에서 죽어 가던 강도에게 영생을 약속하실 때, 그분에게서 긍휼과 사랑이 흘러넘쳤다. 군인들의 모욕에 맞대어 욕하지 않으셨고 복수로 위협하지 않으셨기에(벧전 2:23) 예수님의 겸손이 군인들의 잔인함을 무색하게 만들었다. 우리가 용서받고 거룩하게 되어 하나님과 화목하게 되도록 예수님이 자신을 기꺼이 속죄 제물로 내주셨을 때(엡 5:2; 골 1:22), 폭력과 증오란 배경에 예수님의 은혜가 가득 차게 되었다.

가장 숨 막히는 아름다움은 예기치 못한 순간에 찾아올 때가 많다. 1세기 예루살렘의 그 누구도 로마제국의 형벌 도구에서 어떤 아름다움이 만들어질 수 있다고는 상상하지 못했을 것이다. 하지만 예수님의 부활의 몸에 찍힌 못 자국은, 악이 처리되고 어둠의 권세가 패하였으며 언젠가 이 땅의 삶이 온전해질 것임을 증명한다. 십자가의 추악함에서 이러한 아름다움을 볼 수 있다면, 우리는 자기 삶에서 맞닥뜨리는 추악한 상황 속에서도 아름다움을 볼 수 있다.

아름다움을 찾아내라

우리는 덕이 되고 칭송할 만한 것들에 둘러싸여 있지 않기에 온통 아름다운 것들만 입에 담기가 쉽지 않다. 인생이 어려울 때, 특히 고난의 시기를 지날 때, 과연 어떤 아름답고 유익한 말을 할 수 있을까? 친숙하고 사적인 일들이 추악하고 쓸모없어 보일 때, 참되고 경건하며 옳고 정결하며 사랑받을 만하고 칭찬받을 만한 것을 감지해서 말로 표현하는 훈련을 어떻게 할 수 있을까?

바울이 빌립보인들에게 편지를 쓴 건 감옥에 갇혀 있을 때였다. 그는 인생이 항상 쉽지만은 않다는 걸 누구 못지않게 알고 있었다. 사실, 그의 인생 이야기는 엄청난 고난의 이야기였다. 그는 다른 편지에서 이렇게 말한다.

> 유대인들에게 사십에서 하나 감한 매를 다섯 번 맞았으며 세 번 태장으로 맞고 한 번 돌로 맞고 세 번 파선하고 일 주야를 깊은 바다에서 지냈으며 여러 번 여행하면서 강의 위험과 강도의 위험과 동족의 위험과 이방인의 위험과 시내의 위험과 광야의 위험과 바다의 위험과 거짓 형제 중의 위험을 당하고 또 수고하며 애쓰고 여러 번 자지 못하고 주리며 목마르고 여러 번 굶고 춥고 헐벗었노라 이 외의 일은 고사하고 아직도 날마다 내 속에 눌리는 일이 있으니 곧 모든 교회를 위하여 염려하는 것이라(고후 11:24-28).

바울은 극심한 고난을 겪었지만, 빌립보인들에게 쓴 이 편지에서는 기쁨이 느껴진다. 감옥에 갇힌 채 석방될지 죽음을 맞이할지 불확실한 상황에서, 그는 역경의 때에 하나님의 선하심을 보고 다른 이들도 하나님을 보게 하는 본을 보인다. 당신과 나는 바울과 같은 고난을 겪을 것 같지는 않다. 하지만 우리도 삶에서 불가피하게 고통과 역경을 겪게 될 것이다. 그때 우리는 과연 하나님의 선하심을 찾아낼까? 그래서 주변 사람들에게 하나님의 선하심을 나누게 될까?

어쩌면 당신은 오랜 기간 질병이나 상실감 때문에 고통당하고 있을지 모른다. 주님이 어떻게 당신의 버팀목이 되어 주시는가? 당신에게 위로와 소망이 되는 성경 구절이 있는가? 이것을 누구와 나눌 수 있었는가? 주초에 있던 기도 모임에서 한 친구가 하나님의 방법에 감사를 드리자고 요청했다. 그녀는 몇 달 전 남편과 사별한 이래로 하나님이 그녀에게 얼마나 큰 자비를 보여 주셨는지 모른다고 했다. 그녀가 입을 떼자, 우리는 하나님의 긍휼과 돌보심을 떠올렸고 함께 하나님을 찬양했다. 나는 이 친구가 침묵하지 않고 자기가 슬픔 중에 경험한 은혜를 말하기로 선택했다는 것에 감사하다. 그녀의 말 덕분에 나는 그녀에게 베푸신 하나님의 자비를 찬양하게 되었고 내 삶에도 있을 하나님의 은혜의 증거를 찾아보게 되었다.

비록 망가진 상태일지라도, 우리가 찾으려고만 한다면 아름다움을 발견할 수 있다. 사실, 최고의 아름다움은 몹시 망가진 것에서 나올 때가 많다. 좀 더 나은 상태가 될 때까지 아름다움 찾기를 보류하려는 유혹이 크지만, 역경의 때에 하나님의 선하심을 인정하기로 선택하는 것은 하나님을 영화롭게 할 뿐 아니라 우리의 기쁨도 증대시킨다.

몇 년 전, 내 친한 친구가 20개월간의 암 투병 끝에 사망했다.

마지막 몇 개월 동안, 그녀는 자녀들이 엄마 없이 자라게 될 거란 사실에 슬퍼하며 극심한 육체적 고통을 겪었다. 그런 고난 중에 그녀가 새 노래를 배우게 되었는데 그때부터 매일 자신과 가족과 친구들에게 노래의 후렴구를 반복해서 불러 주었다. "하나님은 선하시도다. 하나님은 지혜로우시도다. 하나님은 사랑이 많으시도다." 자기 육체의 쇠하여짐을 말하기보다 더 참된 이야기를 말하는 그녀의 모습이 정말 아름다웠고 위로가 되었으며 감동적이었다.

아름다움을 말하라

우리는 어떠한 상황에서도 덕이 되고 칭송할 만한 것들을 찾는 법을 배울 수 있고 주변 사람들과 나눌 수 있다. 그런데 그것을 습관화하는 데는 노력이 필요하다. 몸에 배어 버린 아름답지 못한 언어 습관을 교정하기 위해서 우리는 열심히 노력해야 한다.

자칫 경계를 늦추면 험담과 비난과 불평에 빠지기 쉽고 옛 생활 방식의 언어 습관으로 돌아가기 쉽다. 옛 생활 방식의 특징은 분함, 노여움, 악의, 비방, 부끄러운 말, 거짓말(골 3:8-9) 그리고 누추함, 어리석은 말, 희롱의 말(엡 5:4)이다. 세상의 추악함은 빈정대고 놀리며 업신여기고 망신을 주는 말로 우리의 언어 습관에 침투할 수 있다. 그런 말들은 다른 사람의 기분을 상하게 만든다.

그렇기 때문에 우리가 조심하지 않으면, 선의의 놀림과 정감 어린 농담이 사랑하라고 불러 주신 관계를 세우는 게 아니라 허물 수 있다.

어쩌면 당신은 비관주의와 싸우면서 최악의 상황과 최악의 관계를 상상하는지도 모른다. 당신의 대화가 부정적으로 흐르게 하지 말고 긍정적인 면을 찾아내서 그것으로 대화하려고 애써보라. 그리고 당신의 인생에 있는 사람들에 관하여 말할 때, 그들 때문에 화가 나는 점이 아니라 그들에게 고마운 점(칭찬받을 만한 것)을 말하려고 애써 보라. 비난과 불평보다는 적극적으로 칭찬과 인정의 말을 해보라. 이 점에 대해서는 7장에서 더 생각해 볼 것이다.

동료가 다른 동료에 대해 험담을 하고 있다면, 거기에 끼지 말라. 오히려 그 동료의 장점과 성과를 드러내려고 노력하라. 만약 아무것도 떠오르지 않는다면, 공손히 양해를 구하고 그 자리를 떠나라. 가족이나 친구들과 대화할 때, 자신이나 타인의 실패나 약점을 과장해서 말하지 말고 덕이 되는 점이나 정의롭고 자비로운 점을 강조하려고 노력하라. 만약 그들이 신자라면, 서로에게서 발견한 영적인 성장의 증표들에 관해 말하라. 가식적인 아첨을 늘어놓지 말고 계속 경건하게 성장하도록 서로를 진심으로 격려하기를 힘쓰라.

뉴스나 소셜 미디어를 도배하는 추악함 때문에 낙심될 때, 보는 것을 멈추고 기도하라. 하나님이 공의와 평화를 가져다주시기를, 그리고 고난을 겪는 자들을 도울 수 있는 실제적인 방법을 보여 주시기를 구하라. 이어서 아름다운 것을 보며 하나님의 선하심을 경험했던 최근의 기억을 떠올려 보라.

더 위대한 보물

이미 살펴본 대로, 궁극적인 아름다움은 예수님 안에서 보인다. 예수님을 통해 하나님의 선하심을 가장 명확하게 볼 수 있다. 예수님께 속한 자들에게는, 예수 그리스도가 죽은 자 가운데서 부활하신 것과 그분과 더불어 영생을 약속받은 것에 견줄 만한 아름다움이 없다. 예수님은 제자들이 온갖 역경과 염려가 있는 이 세상을 살아가는 동안, 그 아름다움에 집중하기 원하셨다. 누가복음 12장에서 예수님은 제자들의 시선이 이생에서 넉넉히 소유하지 못하는 두려움에서 천국의 영원한 보물로 옮겨지도록 조정하신다.

> 적은 무리여 무서워 말라 너희 아버지께서 그 나라를 너희에게 주시기를 기뻐하시느니라 너희 소유를 팔아 구제하여 낡아지지 아니하는 배낭을 만들라 곧 하늘에 둔 바 다함이 없는 보물이니 거기는 도둑도 가까이 하는 일이 없고 좀도 먹는 일이 없느니라 너희 보물 있는 곳에는 너희 마음도 있으리라(눅 12:32-34).

예수님은 제자들에게 하늘 아버지께서 그들을 기꺼이 하나님 나라에 들여보내신다고 보증하신다. 그래서 제자들은 다른 사람을 돌보고 베풀라는 예수님의 명령에 순종할 수 있었다. 돌보고 베풀 때 이 땅의 보물보다 훨씬 더 큰 영원한 상급을 쌓아 놓고 있다는 걸 알기 때문이다.

예수님은 딱딱한 강의가 아니라 아름다운 이미지를 사용하셔서 제자들을 복음이라는 좋은 소식으로 이끄셨다. 그러나 제자들은(우리도) 이 땅의 관점으로만 삶을 보고 싶은 유혹을 받는다. 하지만 예수님은 제자들이 등장인물이 되는, 더 진실하고 더 나은 이야기를 일깨워 주셨다. 제자들의 시선을 세상 염려에서 옮기셔서 그들의 마음이 영원한 보물을 향하도록 조정하신 것이다. 그리고 이것은 그리스도인인 우리의 말이 할 수 있는 일이기도 하다. 모든 대화가 서로에게 복음의 아름다움을 일깨워 줄 기회, 눈에 보이는 것 너머로 영원한 것을 보도록 격려해 줄 기회, 그리고 가장 덕이 되고 칭송받을 만한 분이신 그분께로 향하게 해 줄 기회다.

묵·상·질·문

1. 당신이 세상의 사운드트랙에 가장 귀를 기울이게 될 때는 언제인가? 그것이 당신의 감정, 습관, 말에 어떤 영향을 미치는가?

2. 하나님의 선하심을 드러내는 것들을 찾아내는 훈련을 어떻게 시작할 수 있을까? 그것이 당신의 (대면 및 온라인의) 일상의 대화에 어떤 변화를 만들어낼까?

3. 하나님이 그분의 선하심을 더욱 드러내는 데 사용하신 추악한 상황을 떠올릴 수 있는가? 그것은 당신이 고난이나 나쁜 뉴스에 직면할 때 어떻게 소망을 주는가?

4. 다윗은 "내 사는 동안 날마다 주님의 아름다움과 사랑이 나를 따르리니"(시 23:6 메시지성경)라고 말한다. 오늘, 당신은 하나님의 아름다움을 어디에서 보는가? 다른 사람들이 하나님을 보도록 격려하기 위해 당신은 당신의 말을 어떻게 사용하겠는가?

4

고통에 직면했을 때
"위로를 말하기"

> 찬송하리로다 그는 우리 주 예수 그리스도의 하나님이시요 자비의 아버지시요
> 모든 위로의 하나님이시며 우리의 모든 환난 중에서 우리를 위로하사 우리로 하여금
> 하나님께 받는 위로로써 모든 환난 중에 있는 자들을 능히 위로하게 하시는 이시로다
> 고린도후서 1장 3-4절

 그녀는 부활절에 사망했다. 63년간의 결혼 생활 끝에 홀로 된 그녀의 남편은 그녀가 없는 삶을 상상하며 침대 곁에서 흐느꼈고 비통과 충격과 압도하는 슬픔에 잠긴 가족들이 그녀의 주위로 모여들었다. 이런 상실의 시간에 건넬 수 있는 위로의 말은 과연 무엇일까?

 그의 짧은 생애가 그의 부모에게는 예기치 못했던 기쁨을 가져다주었는데 부모는 그를 알고 돌본 186일의 하루하루에 감사했다. 그 시간은 그들에게 정말 소중한 시간이었지만, 그들은 이별의 참담한 고통을 맞이할 준비는 되어 있지 못했다. 이런 고통에 직면한 자들에게 우리는 어떤 위로의 말을 할 수 있을까?

21년 전, 그들은 죽을 때까지 서로를 사랑하겠다고 약속했다. 하지만 오늘, 그녀는 홀로 앉아 있다. 그의 말은 그녀의 영혼을 으스러뜨렸고 그녀의 마음을 산산 조각냈기 때문이다. 이럴 때 친구의 말이 그녀가 느낄 무가치함과 배신감을 과연 누그러뜨릴 수 있을까?

이것은 모두 내가 아는 사람들의 이야기다. 그들이 고통과 슬픔을 겪을 때, 나는 필사적으로 위로와 위안의 말을 해주고 싶었다. 그리고 나는 의도하지 않았는데 눈치 없이 상처 주는 말을 하기가 얼마나 쉬운지를 고통스럽게도 잘 알게 되었다. 때때로 우리는 생각 없이 말하고 나중에 후회한다. 또 어떤 때는 말을 잘못할까 두려워서 차라리 침묵을 선택하기도 한다.

설령 우리가 고난 중의 위로를 직접 겪어 봐서 안다 해도, 그 순간에 고난을 겪는 자들을 돕고 그들의 고통을 늘리지 않기 위해 무슨 말을 해야 할지를 정확히 아는 것은 어렵다. 그렇다고 진부한 말로 침묵을 메우고 싶지는 않아서 고민하다가 결국 깨어진 마음을 위로하기 위해 아무것도 못 하고 만다. 억지로 거짓된 위로를 전할 수도 없다. 아, 우리는 상처 입은 사람들을 진짜로 위로하는 말을 하고 싶다. 그런데 과연 해낼 수 있는 일일까?

고린도후서 1장 3-4절은 사람들을 제대로 위로하는 것이 가능하다고 말하는데 이는 우리가 하나님으로부터 위로를 받기 때문이다. 바울은 하나님이 고난을 겪는 자들을 위로하시는 모든 위로의 하나님이심을 상기시켜 준다. 그리고 하나님이 이 일을 하시는 한 가지 방법은 그분의 백성을 통해서다. 하나님은 우리가 고난을 겪으며 받은 위로로 다른 사람을 위로하도록 우리를 사용하신다. 진부하거나 공허한 말이 아닌 오직 진리와 능력의 말로 사람들을 위로하게 하신다는 사실이 정말 놀랍다. 자비로우신 우리 하나님은 우리를 통하여 꼭 필요한 자에게 도움과 치유를 베푸신다. 그리고 어떤 환난 중에도 이 일이 가능하다고 우리에게 약속하신다.

그런 말을 하는 당신과 나는 어떤 모습일까? 우리가 하나님의 위로로 사람들을 위로하기 원한다면, 먼저 우리는 하나님이 어떤 종류의 위로를 주시는지를 이해해야 한다. 그래서 우리는 큰 위로를 주는 구약의 말씀을 살펴볼 것이다.

내 백성을 위로하라

이사야 40장에서 하나님의 대언자가 포로로 끌려가기 직전의 백성에게 소망의 메시지를 전한다. 북이스라엘은 이미 앗수르에게 정복당했고 남유다는 힘센 바벨론에 의해 곧 전복될 상황이다. 이사야는 39장에 걸쳐 경고와 심판의 말을 선포했지만, 40장에서는 갑자기 그의 말투와 메시지가 급변한다. 마치 하나님이 그를 통해 낙심한 백성에게 소망을 말씀하시는 것 같다.

> 너희의 하나님이 이르시되
> 너희는 위로하라 내 백성을 위로하라
> 너희는 예루살렘의 마음에 닿도록 말하며
> 그것에게 외치라
> 그 노역의 때가 끝났고
> 그 죄악이 사함을 받았느니라
> 그의 모든 죄로 말미암아 여호와의 손에서
> 벌을 배나 받았느니라 할지니라 하시니라(사 40:1-2).

누군가를 위로한다고 생각하면 대개 고통을 누그러뜨리거나 기분이 나아지게 만드는 것을 떠올린다. '위로'란 단어를 히브리어로 살펴봤을 때 그 뜻은 좀 더 강력하다. 힘을 북돋워서 격려하다, 안심시키려고 애쓰다는 의미를 갖고 있다. 그러므로 하나님은 지금 이사야에게 곧 적을 만나고 포로로 끌려갈 상황에서 백성에게 힘과 용기를 주라고 말씀하시는 것이다. 하나님은 그들에게 그분이 구원하실 테니 절망하지 말라고 말씀하신다. 그들은 고난을 겪겠지만, 하나님은 그들을 버리지 않으실 것이다. 하나님은 반드시 약속을 지키실 것이고 그들을 통해 열방에 그분의 영광을 드러내실 것이다.

이사야가 메시지를 선포한 목적은 하나님의 백성에게 구원의 날까지 인내할 힘을 북돋워 주기 위함이다. 그리고 그것은 우리가 위로를 전할 때의 목적이기도 하다. 하나님이 고난 당하는 자들을 (이생에서일 수도 있고, 영생에서일 수도 있는데) 시험에서 건지시기를 기다리는 동안, 우리는 그들이 자기를 향한 하나님의 선하신 목적을 신뢰하고 인내하도록 격려하기를 원하신다.

이사야에게 하나님은 백성에게 부드럽게 말하라고 말씀하신다. 그들은 하나님께 죄를 지었지만, 하나님은 자비로우시기 때문이다. 비록 지금 그들은 자기의 죄 짐으로 인해 짓눌렸지만, 언젠가 하나님은 그들의 죄 짐을 벗게 하실 것이다. 그리고 그들이 바벨론에 포로로 잡혀가는 것은 자기 죄 때문에 벌을 받는 것이지만, 그들이 받을 형벌은 마땅히 받아야 할 죗값만큼 크지는 않을 것이다. 결국에 그들의 죄는 이사야서의 다음 장에 묘사된 (오셔서 그들을 대신해서 형벌을 받으실) 종에 의해 속죄될 것이다.

내 친구 일레인이 대장암으로 죽어 갈 때, 그녀는 사람들에게 자기의 가장 큰 짐은 암이 아니라 죄라고, 그래서 자기의 가장 큰 위로는 고통에서 벗어나는 것이나 수술이 성공적으로 끝나는 것이 아니라 죄가 영원히 용서되었음을 아는 것이라고, 그리고 예수님의 삶과 죽음과 부활과 승천을 통해서 자기는 새로운 땅에서 부활한 몸으로 하나님과 온전히 회복된 관계가 되어 영원히 살 것을 확신한다고 말하곤 했다. 이것은 그리스도를 믿는다면 누구나 이생에서 알 수 있을 가장 큰 위로인데 이는 그리스도를 믿는 우리가 반드시 알게 위로다.

나는 다른 짐이 중요하지 않다거나 질병, 사별, 깨어진 관계 등을 위로해서는 안 된다고 말하는 게 아니다. 하지만 우리 모두에게 가장 먼저 필요한 위로는 죄 사함의 위로다. 다른 시련을 겪는 이들을 위로하고자 할 때 바로 이것이 기초가 된다.

만약 그리스도인 친구가 직장을 잃고 하나님이 자기의 재정적 필요를 채워 주실 것을 신뢰하기 위해 몸부림치고 있다면, 우리는 하나님이 기꺼이 자기 아들을 포기하셨기 때문에, 그분께서 그녀의 다른 필요들도 채우실 것(롬 8:32)을 신뢰할 수 있다고 부드럽게 일깨워 줄 수 있다.

또 만약에 만성 질병을 앓는 친구가 하나님이 왜 자신에게 이런 고통을 허락하셨는지 묻는다면, 우리는 하나님이 그에게 특별한 고난을 예정하신 정확한 이유를 안다는 듯이 대답해서는 안 되지만, 그의 죄가 사해졌기 때문에 장차 올 부활의 삶에 대한 소망을 가지고 인내할 수 있다고 일깨워 줄 수 있다. 그리고 우리는 일레인처럼 그가 그것이 참된 위로임을 발견하기를 기도해 줄 수 있다.

그런데 때때로 우리는 거짓된 위로를 전하고 싶을 때가 있다. 예를 들어, 만약 누군가가 깨어진 관계에 대해 자기 몫의 죄책감을 느끼고 있다면, 우리는 이미 일어난 일에 대해 자책하지 않아도 된다고 설득하고 싶은 유혹에 빠진다. 하지만 그들은 (적어도 어느 정도는) 정말로 책임이 있을 수도 있다. 우리가 할 수 있는 일은, 설령 그들이 상처를 준 그 사람과 화해할 수 없다고 해도, 만약 그들이 하나님께 자기 잘못을 고백하고 용서를 구하면 하나님이 기꺼이 용서해 주실 것이라고 확신시켜 주는 것이다.

비슷하지만 정반대로, 만약 그들이 그리스도를 믿지 않는 것을 알면서도 하나님이 그들을 있는 그대로 사랑하고 용납하신다고 믿게 하는 것은 거짓된 위로다. 우리가 할 수 있는 일은, 그들에게 우리가 그리스도를 통해 하나님에게서 발견한 용납에 관해 말해 주고 그들이 용서와 사랑을 얻기 위해 하나님께로 나아오라고 용기를 북돋워 주는 것이다. 이 점에 대해서는 6장에서 더 생각해 볼 것이다.

하나님의 성품에 집중

하나님의 위로의 메시지는 죄 용서의 선포에서 시작된다. 하나님의 성품을 떠올리면 그 확신이 더욱 강해진다. 이사야는 목소리를 높여 유다의 성읍들에게 선포한다. "너희의 하나님을 보라!"(9절)

고난 중에는 우리의 문제가 크게 보이고 하나님은 작게 보일 수 있으므로 우리는 시력을 조정해야 한다. 그래야 하나님을 하나님으로, 강하고 지혜로우시며 사랑이 많으신 하나님으로 제대로 볼 수 있다. 인생이 괴롭고 복잡할 때, 우리가 하나님을 신뢰하면서 인내하도록 도와줄 것이 바로 이것이다. 그리고 이것이 바로 고난 당하는 친구가 잘 인내해 내도록 우리가 도와야 할 것이기도 하다. 우리는 하나님의 성품에 집중하게 함으로써 위로를 전한다.

이사야 40장에서 하나님은, 첫째, 그분의 지극히 강하심을 상기시킴으로써 백성을 위로하신다.

보라 주 여호와께서 장차 강한 자로 임하실 것이요
친히 그의 팔로 다스리실 것이라(10절).

"우리의 하나님은 말씀으로 세상을 창조하신 강하신 분이다. 하나님이 말씀하시자 흑암이 빛이 되고(창 1:3) 손바닥으로 바닷물을 헤아리시고 뼘으로 하늘을 재신다(사 40:12). 그리고 땅의 티끌을 되에 담으시고 그분의 저울로 산들을 달아 보시며(12절) 지구를 작은 티끌인 것처럼 들어 올리신다(15절). 그리고 우리 하나님의 말씀은 영원히 선다(8절)."

우리는 위의 진리를 사용하여 친구들을 위로할 수 있다. 그들의 문제가 크고 그들의 상황이 압도적이겠지만, 그들의 하나님은 강하시고 그들을 구원하실 수 있다. 그뿐만 아니라 별 하나도 제자리를 놓치지 않게 하시는 하나님(26절)께서 반드시 자기 백성을 돌보실 것이다.

둘째, 하나님은 그분의 비할 데 없는 지혜로우심을 상기시킴으로써 백성을 위로하신다.

> 누가 여호와의 영을 지도하였으며
> 그의 모사가 되어 그를 가르쳤으랴
> 그가 누구와 더불어 의논하셨으며
> 누가 그를 교훈하였으며 그에게 정의의 길로 가르쳤으며
> 지식을 가르쳤으며 통달의 도를 보여 주었느냐(13-14절).

하나님의 백성은 그들의 성읍이 적들의 손아귀에 떨어지면 영원히 파괴될 거라고 생각했기 때문에 하나님이 그들을 다시 일으켜 세우실 것을 믿지 않았다. 그들은 "내 길은 여호와께 숨겨졌으며 내 송사는 내 하나님에게서 벗어난다"(27절)라고 불평하였다. 하지만 그들이 비록 포로로 잡혀간 곳에서 돌아올 방법을 찾지 못했을지라도, 하나님은 찾으셨다. 하나님은 사막 한복판에서도 길을 평탄하게 하시는 분이기 때문이다(3절).

하나님은 백성의 고난에 당황하지 않으셨는데 그 이유는 그들의 문제는 하나님이 평탄하게 하시지 못할 만큼 복잡하지 않아서다. 그분은 구원할 능력을 갖추셨을 뿐 아니라 어찌할지를 아는

지혜도 갖추신 분이다.

> 너는 알지 못하였느냐
> 듣지 못하였느냐
> 영원하신 하나님 여호와,
> 땅 끝까지 창조하신 이는
> 피곤하지 않으시며 곤비하지 않으시며
> 명철이 한이 없으시며(28절).

하나님의 힘과 지혜는 상응한다. 하나님은 우리 인생의 세세한 부분까지도 보시고 모든 상황에서 우리를 위해 어떻게 일하실지를 정확히 아신다.

반면에 당신과 나는 그렇지 못하다. 우리는 모든 상황에서 하나님이 하시는 일을 온전히 이해하지 못한다. 그러므로 고난 당하는 자들을 위로할 때 우리가 실제로 아는 것보다 더 많이 아는 것처럼 구는 것은 전혀 도움이 되지 않는다.

하지만 우리는 친구들에게 그들의 하늘 아버지가 모든 것을 아시며 최고로 지혜로우시다는 걸 상기시켜 줄 수 있다. 하나님이 이해하지 못하는 상황은 없고, 하나님이 해결하지 못하는 문제는 없으며, 하나님이 고치지 못하는 관계는 없고, 하나님이 치유하지 못하는 고통은 없다. 그들의 삶의 모든 세세한 문제까지도 하나님은 온전히 아시고 이해하신다.

셋째, 하나님은 그분의 무한한 사랑을 상기시킴으로써 백성을 위로하신다.

> 그는 목자 같이 양 떼를 먹이시며
> 어린 양을 그 팔로 모아
> 품에 안으시며
> 젖먹이는 암컷들을 온순히 인도하시리로다(11절).

이스라엘이 하나님께 반역했음에도, 하나님은 자기 백성을 사랑하시고 부드럽게 대하신다. 그분은 전능하신 하나님이시고 자비로우신 아버지이시다. 하나님은 자기 백성이 죄를 지었음에도 그들에게 부드럽게 말씀하신나(2절). 그들을 구원하고 회복시키는 데 그분의 능력과 힘을 사용하실 것이다.

우리는 하나님이 멀리 계시지 않고 그들의 고난에 무심하시지 않을 뿐 아니라 오히려 자비로우시고 그들의 유익을 살피신다는 확신을 줌으로써 고난 당하는 자들을 위로할 수 있다. 하나님은 그들이 온갖 분투와 슬픔을 겪는 동안 그들을 돌보시고 인도하실 것이다.

마음이 약해져서 힘겨워하는 이에게, 우리는 그들에게 하나님은 결코 피곤하거나 곤비하지 않으신다고, 오히려 하나님은 피곤한 자에게 그분의 힘을 주시고 약한 자에게 능력을 주신다(29절)는 사실을 일깨워 줄 수 있다.

괴로운 상황에 혼란스러워하는 이가 있을 때, 우리는 그들에게 우리는 이해하지 못해도 하나님은 다 아신다고 말해 줄 수 있다. 그리고 그들이 시련을 인내하는 동안에, 우리는 하나님이 그들에게 지혜를 주시기를 기도할 수 있다. 그리고 우리는 슬픔과 고통을 겪고 있는 사람들과 동행하면서, 사랑이 많으신 우리의 목자께서 그들을 품에 안으신다고 말해 줄 수 있다.

하나님은 특별한 상황 속에서 이런 위로의 말씀을 건네셨지만, 그분의 약속은 동일하게 우리 모두를 위한 것이다. 그때 주신 구원의 약속은 오늘 우리에게 주신 구원의 약속과 똑같다. 물론, 유다 백성은 하나님이 이 구원을 어떻게 완성하실지를 보지 못하고 그저 자기의 패배만을 보았다. 700년이 지난 후, 이사야의 위로의 말은 세례 요한이 요단강 지역을 다니며 다음과 같이 선포할 때 다시 한번 크게 울렸다.

> 모든 골짜기가 메워지고
> 모든 산과 작은 산이 낮아지고
> 굽은 것이 곧아지고
> 험한 길이 평탄하여질 것이요
> 모든 육체가 하나님의 구원하심을 보리라(눅 3:5-6).

그러고는 예수님이 오셨다. 능력과 지혜와 자비가 풍성하신(눅 4:14; 눅 2:40; 막 6:34) 예수님이 말이다. 모든 위로의 하나님이 우리의 세계로 들어오셔서 우리의 슬픔을 나누시고 우리의 짐을 지셨다.

우리는 곧 예수님의 위로에 대해 좀 더 생각해 보겠지만, 우선은 잠시 멈춰서 묵상하고 기도하는 게 도움이 될 것 같다. 당신은 누구를 위로하려고 하는가? 당신이 하나님의 위로(하나님이 죄를 용서하신다는 사실, 하나님은 지극히 강하시고 비할 데 없이 지혜로우시며 사랑이 무한하시다는 사실)로 위로하는 모습은 어떻게 비칠까? 당신의 친구가 그리스도인이라면 이런 모습이 편안할 것이다. 물론 비그리스도인 친구에게도 부드럽게 예수님을 설명할 방법도 있다. 이사야 40장을 정독해 보고 고난 당하는 혹은 슬픔에 빠진 친구에게 어떤 말이 가장 도움이 될지를 알려 달라고 주님께 지혜를 구하라.

고난을 통한 영광

마르다는 오라비의 죽음 이후 고독감과 취약함과 혼돈 가운데 남겨졌다. 그녀는 오라비가 병들자 소식을 전했지만, 예수님은 오시지 않았다. 그녀는 그분이 능력이 많다는 것을 알고 있었는데 다른 사람들을 치유하는 것을 본 적이 있었기 때문이다. 마르다는 그분이 그녀의 가족을 사랑한다는 것을 알고 있었기에 당장 오시리라고 생각했지만, 그분은 그러지 않았다.

예수님이 오셨을 땐 이미 늦어버렸다. 마르다의 오라비가 죽은 지 4일이나 되었고 사람들은 그를 수의로 싸서 무덤에 묻었다. 친구와 이웃들이 마르다와 여동생을 위로하려 모였지만, 정작 그녀가 너무나 원했던 예수님은 감감무소식이었다.

마침내 예수님이 마을 가까이에 오셨다는 소식이 들리자, 마르다는 여동생을 조문객들과 함께 남겨 두고 그분을 만나러 달려 나왔다.

> 마르다가 예수께 여짜오되, "주께서 여기 계셨더라면
> 내 오라버니가 죽지 아니하였겠나이다."
> 예수께서 이르시되, "네 오라비가 다시 살아나리라."
> 마르다가 이르되, "마지막 날 부활 때에는
> 다시 살아날 줄을 내가 아나이다."
> 예수께서 이르시되, "나는 부활이요 생명이니
> 나를 믿는 자는 죽어도 살겠고 무릇 살아서 나를 믿는 자는
> 영원히 죽지 아니하리니 이것을 네가 믿느냐?"(요 11:21-26 중에서)

예수님은 마르다에게 조문객들이 전할 수 없는 위로를 전하시고 죽음이 끝이 아니라고 말씀하신다. 그리고 이어서 우선 마르다가 자기를 찾아온 유대인 조문객들에게서 들었을 법한 말씀을 하신다. 오라비의 육체가 마지막 부활 때에 회복될 것이라는 말

씀이었다. 그런데 예수님은 마르다의 시선을 부활에 대한 지적인 믿음에서 그 소망을 보장하시는 분에 대한 인격적인 믿음으로 재조정하기를 원하셨다. 그분은 죽은 자를 다시 살리실 뿐 아니라 부활이요 생명이시기 때문이다.

오늘날 이 진리가 어떻게 고난 당하는 자들을 위로할 수 있을까? 예수님은 더 이상 이 땅을 거니시면서 병자를 고치거나 죽은 자를 살리지 않으신다. 예수님은 나사로를 살리심으로써 그분이 하나님이심을 증명하셨지만(요 11:42-44), 오늘날 그 위로가 만성 피로에 시달려서 걷지도 일하지도 못하는 자를 어떻게 위로할 수 있을까? 남편이 깨어나지 못하는 비통한 과부는? 마약에 중독된 십 대의 부모는? 학대하는 부모를 둔 아이는? 예수님이 부활이요 생명이라는 사실이 지금 어떤 의미가 있는가?

여기 한 가지 답이 있다. 요한은 예수님이 마르다와 그녀의 가족을 사랑하셨기 때문에 마르다의 집에 가는 길을 일부러 지체하셨다고 말한다(5-6절). 만약 예수님이 나사로를 죽은 자 가운데서 다시 살리지 않으셨다면, 그건 정말 더 말이 안 되는 것이었다. 사실 진정한 사랑의 반응이라면, 죽기 전에 나사로를 낫게 하고 자매들을 슬프지 않게 하는 것이었을 테니까 말이다. 그런데 지금 우리는 나사로를 죽게 하고 자매들을 잠시 슬프게 하는 것이 알고 보니 더 큰 사랑이었음을 볼 수 있다. 그래서 그들이 그분의 영광을 더 크게 경험할 수 있게 되었기 때문이다.

오늘날 고난 당하는 신자들에게도 마찬가지다. 예수님은 우리를 고난 당하지 않게 하심으로써가 아니라, 우리에게 그분 자신을 주시고 우리의 고난을 통해 그분의 영광을 보여 주심으로써 그분의 사랑을 보여 주신다.

50년이 넘도록 사지마비 환자였던 조니 에릭슨 타다는 2017년에 다음과 같은 글을 썼다.

> 믿기지 않겠지만, 나는 예수님 없이 두 다리로 서 있는 것보다 예수님을 지금처럼 알면서 휠체어를 타는 것이 더 좋다. … 나는 셀 수 없이 많은 밤을 침대에 누워 꼼짝하지 못한 채 고통으로 몸이 뻣뻣해져서 눈물을 흘리며 속삭였다. "오, 예수님, 저는 행복해요. 당신 안에서 정말 행복해요!" 나는 매일 나의 휠체어로 인해 하나님께 감사드린다(www.thegospelcoalition.com, 2017년 7월 30일).

모든 신자가 조니처럼 그리스도의 임재와 기쁨을 경험하지는 못할 거다. 그리고 우리는 고난에 대해 바로 저렇게 반응하라고 서로를 압박하지 않도록 조심해야 한다. 하지만 그녀의 간증은 예수님이 그분의 능력과 지혜와 사랑을 아주 특별한 방식으로 보여 주시기 위해 고난을 사용하신다는 점에서 용기를 북돋워 준다. 우리는 우리가 약하고 궁핍할 때 예수님의 영광과 사랑이 가장 뚜렷하게 보인다는 사실로 인해 서로를 위로할 수 있다.

그건 당신에 대한 게 아니다

고난 당하는 신자들을 위로하려 할 때, 우리의 목표는 그들의 시선을 그리스도와 영생에의 소망과 그분 안에서의 기쁨으로 돌리는 것이다. 그런데 우리는 그들의 현재의 고통을 축소하지 않는 방식으로 그렇게 하기를 원한다. 당신과 나는 예수님과 같은 권위와 긍휼로 말할 수 없다. 우리는 누군가의 슬픔을 온전히 이해할 수 없고 그들의 어려운 상황을 바꿀 수 없다. 그리고 마치 그럴 수 있는 척해서도 안 된다.

낸시 거스리는 『슬픔을 당한 사람들이 당신이 알기를 바라는 것』(What Grieving People Wish You Know)에서 이렇게 말한다. "슬픔을 당한 사람들은 당신이 고통을 없애 줄 거라고 기대하지 않는다. 그들은 단지 당신이 기꺼이 그들과 함께 아파해 주기를 바란다." 이 말이 상황을 바로잡아야 한다는 우리의 압박감을 덜어 주지 않는가? 당신과 나는 깨어진 관계를 고치거나 중독을 치료하거나 정신질환을 치유하거나 죽은 자를 다시 살릴 수 없다. 하지만 우리는 고난 당하는 자들 곁에 와서 그들이 겪는 고난이 얼마나 가슴 아프고 불가해한지 공감할 수 있다. 우리는 그들의 고난에 대해 슬픔을 표현할 수 있다. "우는 자들과 함께 울" 수 있다(롬 12:15).

비슷한 상실과 고통을 경험했더라도 우리는 다른 사람의 감정을 정확하게 알 수 없다. 우리가 겪는 고난의 방식은 고난 그 자체만큼이나 고유하기 때문이다. 내 친구는 남들과는 조금 다른 이유로 불임과 싸우고 있다. 그녀의 출신지 때문에 그녀에게 가해지는 문화의 압력과 가족의 압박이 있고 그것이 그녀의 고난에 영향을 미친다. 개인적으로 갈망이 채워지지 않는 데서 오는 감정 외에도, 그녀는 그녀가 가족의 이름에 먹칠을 했다고 느끼는 가족들에게서 오는 압박과 비난을 함께 마주한다. 그녀는 개인적인 고통뿐 아니라 공개적인 수치심으로 인해 고난을 겪는다. 그렇다고 해서 그녀의 고난이 다른 친구의 고난보다 더 크다는 뜻은 아니고 다를 뿐이다. 그래서 나는 각각의 고유한 싸움에 민감해야 한다고 생각한다.

우리는 다른 사람의 고난을 서둘러 정의하기보다는 그들의 말에 조심스럽게 귀를 기울여야 한다. 그리고 단순한 해결책을 제안하기보다는 우리의 이해가 부족함을 인정해야 한다. 설령 당신이 이해하고 있다고 생각할지라도, 당신의 경험을 나누어 달라는 요청을 받기 전까지는 물러나 있어야 한다. 누군가의 고난을 당신의 이야기로 만들지 말라!

하지만 우리가 다른 사람의 고난을 완벽하게 이해할 수 없을지라도, 우리는 위로를 전할 수 있다. 바울은 우리가 하나님께 받는 위로로써 모든 환난 중에 있는 자들을 위로할 수 있다고 말한다(고후 1:4). 이것이 어떻게 가능할까? 이사야 40장에서 보았듯이, 참된 위로는 영원한 진리에서 오기 때문에 가능하다.

그러므로 우리는 사람들의 말을 주의 깊게 잘 들어야 한다. 누군가의 감정이나 취할 행동을 정확히 안다고 섣불리 넘겨짚어서는 안 된다. 우리는 겸손과 온유로 위로할 사람들의 고통 속으로 들어가야 한다. 우리가 참된 위로의 말을 할 수 있는 이유는 그 말이 모든 위로의 원천을 가리키기 때문이다(이번 장에서 우리는 그리스도인들을 위로하는 것에 초점을 맞추었지만, 그중에 상당 부분은 불신자들을 위로하는 데도 적용할 수 있다. 물론 문구를 조금 다르게 다듬어야 한다).

이사야 40장에서 읽은 진리는 시간을 초월한다. 우리 하나님의 성품은 불변하고 그분의 말씀은 영원하기 때문이다(사 40:8). 우리가 직접 겪은 시련 중에 받은 위로는 우리가 다른 사람에게 줄 수 있는 바로 그 위로다. 하나님은 강하시고 지혜로우시며 사랑이 많으시다. 하나님은 우리에게 그분의 아들이신 예수님을 주셨고 우리의 죄를 용서하셨으며 우리를 영생으로 인도하겠다고 약속하셨다.

묵·상·질·문

1. 당신의 지인이 고난 당할 때, 당신은 말이 많은 사람인가 아니면 아무 말도 하지 않는 사람인가? 당신의 근본적인 염려나 두려움은 무엇이라고 생각하는가?

2. 당신의 경험(혹은 경험 부족)보다 하나님의 성품에 초점을 맞추는 것이 위로가 필요한 사람에게 어떤 점에서 진정한 위로를 가져다주는가?

3. 어려움과 고통의 상황 속에서 씨름하는 지인들을 떠올려 보라. 이사야 40장의 진리 중에서 무엇이 각각의 사람에게 도움이 될 수 있을까? 대화하면서 이 진리를 나눌 수 있는 특별한 방법을 생각해 보라.

4. 예수님은 "나는 부활이요 생명이니"(요 11:25)라고 말씀하신다. 이번 주에 이 진리로 누구를 위로할 수 있는가?

5
비난하고 싶을 때
"친절을 말하기"

그러므로 너희는 하나님이 택하사 거룩하고 사랑 받는 자처럼
긍휼과 자비(친절—역주)와 겸손과 온유와 오래 참음을 옷 입고
골로새서 3장 12절

지니 보넬이 낡은 나무 조각에 두 단어와 빨간 하트를 그리고 그것을 앞마당에 심었을 때, 그녀는 마을에 선행을 독려하려는 이 단순한 아이디어가 세계적인 운동으로 폭증하리라고는 상상도 하지 못했다. 하지만 2018년 이래로 지니의 '친절하게 대하라(Be Kind)' 표지판은 미국 곳곳에서와 그 너머 멀리에서까지 모방하고 재창조되었다. 내가 사는 영국에서는 정원에 표지판을 놓는 것이 그다지 일반적이지 않은데도 '친절하게 대하라'는 메시지가 곳곳에서 눈에 띈다. 포스터, 머그잔, 쿠션, 티스푼, 야구모자 그리고 개 목걸이에서도 볼 수 있다. 심지어 지금 나는 '친절하게

대하라' 티셔츠를 입고 식탁에서 글을 쓰고 있다!

친절하게 대하라는 간청이 깊은 반향을 일으키는 건 놀라운 일이 아니다. 우리는 누구나 불친절한 말(짜증, 비꼼, 모욕, 경멸)을 들으면 어떤 기분이 드는지 안다. 그런 말은 우리를 보잘것없고 무가치하다고 느끼게 만든다. 우리는 보통 친절한 말을 듣기 힘들다. 다수가 동의하지 않는 의견을 낼 때는 보통 적대적 반응이 예상된다. 그래서 우리는 소셜 미디어에서의 우리 견해가 배려와 존중보다는 비난과 경멸을 받게 될 것을 종종 두려워한다.

하지만 거칠게 반응하기에 앞서 '친절하게 대하라' 구호를 생각하는 것이 유익한 자극제이긴 하지만, 그것은 말 그대로 구호일 뿐이다. 사실 그것이 우리의 말을 선하게 바꾸려는 동기를 부여하지 않는다. 친절이 무엇인지, 어떤 말이 친절하게 들리는지 등의 본질을 건드리지 않는 것이다. 게다가 모든 상황에서 친절하게 말하는 능력을 갖게 해 주지도 않는다. 친절에 관해 말하는 것에는 두 단어로 압축될 수 있는 것 이상이 있다.

당신이 '친절하게 대하라'는 말을 들으면 무슨 생각을 할지 궁금하다. 어쩌면 죄책감을 느낄 수도 있겠다. 친절하게 대하려고 열심히 노력하지만, 짜증을 내고 못되게 구는 자신을 발견할 때가 많기 때문이다. 이와 반대로 스스로에 대해 꽤 만족할 수도 있겠다. 스스로를 친절한 사람이라 여기고 남들도 그렇게 생각한다고 상상하기를 좋아할 수도 있기 때문이다. 아니면 '친절하게 대하라'는 구호 배후에 자리 잡은 견해에 불만을 느낄 수도 있겠다. '왜 사람들은 항상 지나치게 예민하지? 자신의 생각을 있는 그대로 말하면 뭐가 어때서?'라고 말이다.

이번 장에서는 우리가 친절을 어떻게 이해하는지 돌아보고 더 깊이 이해하는 시간을 가질 것이다. 우리는 친절함을 다정함(상냥함, 일반적으로 사람들과 잘 지냄)과 동일하게 여길 때가 많다. 그래서 친절한 말은 감정을 상하게 하지 않거나 화를 돋우지 않는 말, 달콤한 말, 안전한 말 또는 거슬리지 않는 말이라고 생각한다. 하지만 성경은 훨씬 더 강한 그림을 그린다. 성경을 통해 우리는 친절이 무엇인지에 대해 더 깊이 이해하게 될 것이며 동기를 부여받아 친절을 베풀게 될 것이다. 더불어 다른 사람들이 친절한 대우를 받을 자격이 없을 때조차도 그들을 친절하게 대하도록 우리의 마음을 의도적으로 새조정해 줄 것이다.

예기치 못한 선물

신약성경에서 '친절'에 해당하는 말로 가장 자주 사용되는 헬라어는 '크레스토스'(chrestos)인데, 달콤함이나 상냥함과는 별로 관계가 없고 오히려 선함, 온유함, 관용 그리고 은혜와 더 관련이 있다(마 11:30; 눅 6:35; 갈 5:22; 엡 4:32; 벧전 2:3). 이 단어는 우리가 성경 곳곳에서 발견하는 (제멋대로인 백성을 위해 용서하시고 구원하시며 섭리하시는) 하나님의 인자하심을 총망라한다. 하나님의 친절을 자격 없는 백성을 향한 그분의 변함없는 사랑으로 표현한 것이다.

그리고 그 친절의 특징은 받을 자격이 없음에 있다. 친절은 노력해서 얻을 수 있는 보상이 아니라 예기치 못한 선물이다. 받은 만큼 주는 그런 공정함에 기초하지 않는다. 오히려 터무니없을 정도로 너그럽다. 하나님의 친절은 하나님의 자비와 불가분하게 연결되어 있는데 그분은 우리가 마땅히 받아야 할 대우로 우리를 대하지 않으신다. 그분은 자비롭고 은혜롭고 노하기를 더디하고 인자와 진실이 많은 분이시다(출 34:6).

중세 영어에서 '친절(kind)'이라는 단어는 '친족(kin)'이라는 단어와 연결되어 있었다. '친절하게 대하다'는 '같은 친족을 대하는 마음으로 신중히 선의를 베푼다'라는 뜻이다. 달리 말하자면, 누군가를 친절하게 대하는 것은 그들을 친족으로, 가족으로 바라본다는 뜻이다. 사랑하고 공감하며 도우려 하고 해가 아니라 유익을 끼치기로 선택하는 것이다.

친족으로서의 유대감은 어떻게 하나님이 자기 백성에게 친절을 베푸시는지 잘 설명해 준다. 하나님은 자기 백성을 가족으로 대하시는데 에덴동산에서 하나님은 아담과 하와가 수치를 가릴 수 있도록 가죽옷을 지어 입히셨다(창 3:21). 그리고 광야에서 하나님은 "사람의 줄, 곧 사랑의 줄로 그들을 이끄"셨다(호 11:4). 또 하나님은 감옥에 갇힌 요셉에게 친절을 베푸사 간수장에게 호의와 동정을 얻게 하셨다(창 39:21). 그리고 하나님은 나오미와 룻을 돌보사 나중에 룻이 결혼하게 될 남자의 밭에서 일할 수 있는 자리와 보호를 얻게 하셨다. 그래서 나오미가 자기 남편과 아들들로 인해 비통해할 때도 그녀는 "그(하나님)가 살아 있는 자와 죽은 자에게 은혜 베풀기를 그치지 아니하도다"(룻 2:20)라고 고백할 수 있었다.

하나님의 친절을 가장 완벽히 보여 주는 것은 예수님이다. 예수님은 진정한 친절이 어떠해야 하는지를 몸소 보여 주신다. 만약 친절하게 말하는 법을 배우고 싶다면, 우리는 예수님을 바라보아야 한다.

> 우리 구주 하나님의 자비(친절—역주)와 사람 사랑하심이
> 나타날 때에 우리를 구원하시되 우리가 행한 바 의로운 행위로
> 말미암지 아니하고 오직 그의 긍휼하심을 따라
> 중생의 씻음과 성령의 새롭게 하심으로 하셨나니(딛 3:4-5).

누군가의 딸

한 여인이 예수님의 뒤에 서서 울고 있었다. 그녀가 낮은 식탁 쪽으로 몸을 기울이자, 그녀의 눈물이 예수님의 발등에 떨어졌다. 그녀는 다른 손님들을 의식하지 않고 몸을 구푸려 예수님의

발을 자기 머리털로 닦아 냈다. 그러고는 그 발에 입을 맞추고 향유를 부었다. 만일 이 장면이 영화에서 클로즈업되었다면 뭉클한 장면이 되었을 것이다.

누가복음 7장에서 이 식사를 주최한 시몬은 그 여인을 정체를 밝힐 가치가 없는 존재로 보았다. 그녀를 자기의 식탁에 가까이 와서 자기의 손님들과 말을 섞을 가치가 없는 존재로만 본 것이었다. 게다가 예수님이 그녀의 가까이 옴을 허락하시자 그는 예수님까지 멸시했다. 시몬은 그녀를 향해 어떠한 자비나 동정심도 느끼지 못했다. 그는 스스로 사회적으로나, 도덕적으로나 우월하다고 생각했으며 친절한 말은 한마디도 하지 않았다.

하지만 예수님은 이 여인을 멸시하지 않으셨다. 예수님은 그녀의 과거를, 경건한 위인들에게 멸시당하는 이유를 아셨다. 그녀의 죄와 수치를, 그리고 (그것을 용서하실 수 있는 분인) 예수님을 향한 신실한 사랑을 아셨던 것이었다. 그분은 그녀의 감정에 당황하지 않으셨고 오히려 친절하게 말씀하셨다.

> 네 죄 사함을 받았느니라 …
> 네 믿음이 너를 구원하였으니 평안히 가라(눅 7:48, 50).

이 여인은 매춘부였을 가능성이 높지만, 누가는 처음부터 그녀를 한 여자라고 소개한다(눅 7:37). 그녀는 죄악 된 삶을 살았으나

누가 자신처럼 (고유한 존엄성과 가치를 가지고 하나님의 형상대로 창조된) 한 인간일 뿐이었다. 누군가의 딸, 누군가의 자매, 누군가의 이웃이었다. 그녀의 죄악 된 과거가 그녀의 인간성을 지우지 못했다. 그녀는 친족이었다.

그리고 그것은 예수님이 그녀를 대하셨던 방법이기도 하다. 그녀는 용서가 필요한 죄인이 맞다. 하지만 기꺼이 함께 어울리며 친절을 베풀고자 하셨던, 한 여자였다.

친절이란, 충격적인 과거나 지저분한 현재와 무관하게, 모든 사람에게서 하나님의 형상을 보는 것을 의미한다. 우리가 하나님의 형상을 지닌 자로서의 같은 존엄을 공유한다는 사실을 인정하고 서로를 그에 걸맞게 대우하는 것을 의미한다. 우리가 누군가를 경멸하고 비난하며 깔볼 때, 우리의 언행은 우리가 그들을 하찮게 여기는 것을 드러낸다. 하지만 (우리가 누군가의 신념이나 행농에 농의하지 않을 때조차도) 친절하게 말하는 것은 우리가 함께 인간 됨을 공유하며 우리는 모두 은혜가 필요한 존재임을 인정하는 것이다.

시몬은 바리새인이라는 자신의 지위가 예수님의 발에 입을 맞추고 있는 그 여인보다 자신을 더 의롭게 해 주지 않는다는 것을 이해해야 했다. 둘 다 죄인이었고 둘 다 동등하게 자비와 용서가 필요했다. 시몬은 예수님이 '죄인들'을 환대하시는 것을 비웃을 자격이 없었는데, 그 이유는 그 역시도 죄인이었기 때문이다. 그래서 예수님은 시몬의 잘못된 생각을 바로잡으셨다. 우선은 비유를 통해서였고 다음으로는 그의 행동에 대한 직접적인 지적을 통해서였다(40-47절. 예수님의 전략이 우리가 2장에서 살펴보았던 나단의 전략과 비슷하다는 점에 주목하라). 예수님은 그렇게 하심으로써 시몬에게 친절을 베풀고 계셨다. 그분은 그런 방법으로 시몬에게 회개하고 용서받을 기회를 주고 계셨다.

때로는 우리도 사람들의 실수를 바로잡아 줌으로써 친절을 베풀어야 할 때가 있다. 확실한 예가 자녀를 훈계할 때다. 자녀는 순종과 자기 절제와 관용과 지혜를 가지고 태어나지 않는다. 자녀는 불순종하고 허락된 경계를 밀어내며(때로는 다른 아이들을 밀기도 한다!) 짜증을 내고 고집을 부린다. 그런데 하나님과 다른 사람을 망신시키는 행동을 고집하게 하는 것은 친절함이 아니다. 그러므로 자녀의 잘못된 행동은 교정받아야 한다. 그래야 하나님의 세계에서 잘 사는 법을 배울 수 있다. 단, 자녀를 훈계할 때 그들이 친족임을 잊지 말아야 한다. 그들이 단지 어리다는 이유로 함부로 대해서는 안 된다. 부모와 교사는 분명하고 일관성 있게 그들을 훈계해야 하지만, 동시에 자비와 오래 참음과 용서도 잊지 말아야 한다.

온라인 소통도 마찬가지다. 문자, SNS, 포스트, 이메일의 상대가 누구이든지 간에 우리는 존엄성과 가치를 공유한다는 사실을 알고 그것을 반영해야 한다. 우리는 온라인 토론에 참여해서 잘못된 관점을 바로잡고 싶어 하지만, 친절은 스크린 뒤에 있는 존재의 존엄성을 기억하라고 우리에게 요구하며 그들을 경멸이 아닌 긍휼로 바라보라고 요청한다. 우리가 동의하지 않을 때조차도 예의와 존중을 갖추어 대해야 한다.

내 마음을 바꾸소서

당신은 누구를 친족으로 대하는가? 우리는 사실 시몬처럼 되기가 쉬운데 사람들을 친절을 베풀 가치가 있는 사람과 아닌 사람으로 구분할 때가 있다. 우리를 성가시게 하거나 화나게 만드는 사람들과 동일한 인간이라는 것을 자주 잊는다. 우리에게 우월감을 느끼게 하는 상대방의 존엄성을 종종 간과하고 온유와 인내를 가장 필요로 하는 자들에게 도리어 날카롭게 말할 때가 있다. 우리와 같은 생각을 가지지 않은 사람들, 혹은 우리가 옳다고 생각하는 대로 행동하지 않는 사람들을 우리가 정말 못 견디는 걸 잘 안다. 그런 사람들에게 긍휼과 사랑을 베푸는 것보다 비난하고 불평을 쏟아내는 게 더 쉬우며 그들을 높여주기보다 깎아내리는 게 더 쉽다.

그렇다면 우리가 친절하게 반응하는 방법은 무엇일까? 어떻게 예수님처럼 (까다롭다고 여기는 사람들에게도) 친절을 베풀 수 있을까? 사도 바울은 줄곧 친절을 긍휼과 오래 참음과 연결한다.

긍휼과 자비(친절—역주)와 겸손과
온유와 오래 참음을 옷 입고(골 3:12).

서로 친절하게 하며 불쌍히 여기며(엡 4:32).

오직 성령의 열매는 사랑과 희락과 화평과
오래 참음과 자비(친절—역주)와 양선과 충성과(갈 5:22).

우리는 성령의 열매를 맺을 때 친절하게 말할 수 있다. 긍휼은 거칠고 경멸적인 말보다는 친절한 반응을 불러올 것이다. 그리고 오래 참음은 이해가 안 되는 사람들, 의견이 안 맞는 사람들을 참아내게 해 줄 것이다. 그래서 우리의 말은 그들의 삶에 선한 영향력을 끼칠 것이다. 친절하게 말하고 싶다면, 우리와 같지 않은 사람들을 향한 긍휼의 마음과 오래 참음의 태도를 위해 기도해야 한다.

다음은 예수님이 즐거이 응답하시는 기도다. 예수님은 우리와 같이 되셨을 뿐 아니라 우리를 그분과 같이 만드신다. 그분의 영이 우리의 마음과 생각을 바꾸셔서 그분의 마음과 생각을 더욱 온전히 반영하게 하신다.

예수님은 우리 안에 그분의 열매를 자라게 하시고(갈 5:22-23) "긍휼과 자비(친절)와 겸손과 온유와 오래 참음을 옷 입을" 수 있게 하신다(골 3:12). 당신의 말이 친절하지 않다는 걸 안다면, 당신의 마음을 바꾸시고 당신의 생각을 변화시켜 달라고 예수님께 구하라. 예수님은 하실 수 있다!

친절하게 직면시키기

하지만 당신은 이런 생각이 들 수도 있다. '아니, 왜? 그러려면 엄청난 노력이 필요할 것 같아. 정말 내 말이 바뀔지 모르겠어.' 당신이 옳다. 친절하게 말하려면 노력이 필요하다. 우리가 피해자일 땐 특히나 어렵지만, 그런 경우엔 친절한 대응이 의미심장한 영향을 끼칠 수 있다. 이건 불경건한 행동을 눈감아 주라는 뜻이 아니다. 우리는 친절하게 말함으로써 우리에게 잘못한 사람들이 자기 죄를 깨닫고 회개하도록 도울 수 있다.

바울은 로마 교회에게 하나님의 친절의 목적은 회개임을 일깨워 준다.

> 혹 네가 하나님의 인자하심(친절—역주)이 너를 인도하여
> 회개하게 하심을 알지 못하여 그의 인자하심과 용납하심과
> 길이 참으심이 풍성함을 멸시하느냐(롬 2:4).

달리 말하자면, 하나님의 친절이 당신을 변화시킨 경험이 없다

면 섣불리 하나님의 친절을 비판하지 말라. 하나님이 당신에게 친절하신 것은 당신이 돌이켜 회개하고 용서를 받게 하기 위함이라는 것이다.

하나님의 친절에 대한 합당한 반응은 회개다. 우리가 하나님의 친절을 묵상하면 우리는 회개가 필요한 자들이 그분께로 돌아와 생명을 얻게 되리라는 소망을 품고 친절하게 대하게 된다. 디모데에게 쓴 마지막 편지에서 바울은 이렇게 말한다.

> 주의 종은 마땅히 다투지 아니하고 모든 사람에 대하여 온유(친절―역주)하며 … 거역하는 자를 온유함으로 훈계할지니 혹 하나님이 그들에게 회개함을 주사 진리를 알게 하실까 하며(딤후 2:24-25).

바울은 디모데가 모든 사람에게, 심지어 그를 거역하는 자에게도 친절하기를 원했다. 바울이 여기서 염두에 둔 반대자들은 거짓 교사들(교회의 연합을 위협하는 사람들)이다. 그들도 시몬처럼 자기의 오류를 직면하고 교정받아야 했다. 그들이 계속해서 거짓 가르침에 머물게 내버려두는 것은 그들에게나 교회에게나 친절이 아닌 것이다. 그런데 이런 교정은 온유하게 행해져야 한다. 거짓 교사들의 오류가 아무리 크더라도 그것은 불친절한 말에 대한 변명이 될 수는 없다.

디모데는 본능과는 반대되는 방법으로 오류와 거역을 대해야 했다. 분노의 폭발이 본능적인 반응일지 모르지만, 디모데는 그들과 동일한 존엄성을 갖고 있고 모두 동일한 은혜가 필요한 존재임을 기억하여 친절하고 온유하게 말해야 했다. 그의 반대자들이 회개의 반응을 보이지 않는다면, 더욱 그래야 한다. 왜냐하면 그의 친절한 말이 누군가에게는 구원의 통로가 될 수도 있기 때문이다.

이것은 우리의 소망이기도 하다. 우리는 예수님을 믿는 우리의 신앙에 반대하고 다른 방식(비난, 조롱, 비방 등)으로 우리에게 상처를 주는 사람들에게 친절하게 반응하면서 이것을 소망한다. 공격적인 말로 보복해서 반대자들에게 더 심한 공격을 유발하기보다, 그들을 정중히 대해야 할 존귀한 하나님의 형상으로 여기겠노라고 우리는 선택할 수 있다. 설령 그들이 우리를 그렇게 대하지 않을지라도 말이다. 우리의 타고난 본능은 불친절하게 응답하고 싶겠지만, 우리는 성령님을 힘입어 반대자들을 오래 참음으로 받아주고 온유하며 은혜롭게 말할 수 있다. 이것만이 우리의 할 일은 아니지만(우리에겐 외부의 다양한 도움이 필요할 수도 있다), 그래도 이것은 매우 중요한 일이다.

당신의 신앙 때문이건 다른 이유 때문이건, 당신을 비난하고 무시하는 사람이 있는가? 당신은 그들에게 어떻게 반응하는 경향이 있는가? 욕으로 갚지 않고 도리어 복을 비는 것(벧전 3:9)은 과연 어떤 것일까? 그것이 그들에겐 (그리고 듣는 자들에겐) 어떤 의미로 다가올까? 지금 잠시 멈추어서 그렇게 할 수 있도록 도와달라고, 친절한 말이 회개와 생명을 가져오는 데 사용되게 해 달라고 성령님께 구하라.

생명의 길

로자리아 버터필드는 자기의 회고록인『뜻밖의 회심』(The Secrets of an Unlikely Convert, 아바서원 역간)에서 예수님을 믿게 된 여정을 말한다. 그녀가 켄 스미스 목사와 그의 아내 플로이를 만났을 때, 그녀는 영문학 교수이자 여성학 교수였고 확고한 레즈비언이었다. 로자리아가 지역신문에 복음주의 그리스도인 집단을 비판하는 사설을 실은 후, 그녀에게 동의하는 사람들에게서부터 강하게 반대하는 사람들에 이르기까지 수많은 회신을 받았다. 그런데 그 중 편지 한 통이 눈에 띄었다.

켄은 로자리아의 사설에 두 장 분량의 서신을 썼다. 그녀는 그 편지를 '친절하고 호기심에 찬 편지 … 내가 받아 보았던 반대자들의 편지 중에 가장 친절한 편지'라고 묘사했다. 그는 그녀를 공격하지 않았고 그녀의 신념을 깊이 연구하면서 질문을 던져 보라고 용기를 북돋워 주었다. 그러고는 더 충분히 생각을 토론해 보자며 전화해 달라고 청했다. 결국 로자리아는 그에게 전화를 걸

었고 대화 끝에 켄의 식사 초대를 받아들였다. 그렇게 켄과 플로이는 로자리아의 친구가 되었고 마침내 그는 그녀를 그리스도를 믿는 믿음으로 인도했다.

켄은 로자리아의 가치관에 동의하지 않았고 그녀와 연루될 의무도 없었다. 하지만 그는 친절하게 반응하기로 선택했는데, 이것은 전혀 예기치 못한 것이었고 그녀도 그것을 무시할 수 없었다. 그는 그녀를 그저 인정할 수 없는 신념과 생활양식을 가진 사람이 아니라, 그의 삶을 변화시킨 긍휼과 은혜가 똑같이 필요한 여인으로 바라보았다. 만일 모든 예수님의 제자가 자기가 동의하지 않는 사람들을 이와 같이 대하기로 선택한다면, 내가 사는 도시에 어떤 영향이 있을지 궁금하다. 그리고 모든 그리스도인이 대안적인 관점을 공손과 겸손과 존중으로 대한다면, 소셜 미디어에 어떤 영향이 있을지 궁금하다. 또한 내가 친절한 말에 헌신한다면, 나의 교회 식구에게 어떤 영향이 있을지도 궁금하다.

며칠 전, 어느 모임에서 나는 자기 삶의 거의 모든 면에 대해 불평하는 젊은 여인의 말을 듣고 있었다. 그런데 그 불평 중에는 다른 사람이라면 너무나 갖고 싶어 했을 특권과 기회도 포함되어 있었다. 그래서 나는 오래 참으시는 하늘 아버지로부터 매일 경험하는 그런 친절을 반영하지 않았다. 오히려 속으로 그녀의 특권 의식을 비난했고 나의 환경에 기뻐하며 만족할 수 있는 나 자신을 칭찬했다.

문득, 내가 만약 그녀가 얼마나 버겁게 느꼈는지를 인정해 주며 멍에가 가볍다고 말씀하시는 예수님께로 그녀를 안내했다면, 내가 그 여인을 도울 수 있었을까? 내가 만약 친절한 반응의 본보기가 되었다면, 그랬다면 내가 다른 사람들에게 긍휼과 오래 참음을 북돋워 줄 수 있었을지가 궁금하다.

가장 친절한 말

사람들이 예수님의 옷을 벗기고 그분을 때렸다. 그분이 십자가에 달려 피를 흘리며 간신히 숨을 쉬고 있을 때, 그들은 그분을 조롱하고 비웃었다. "그가 남은 구원하였으되 자기는 구원할 수 없도다"(마 27:42). 이것은 그들이 그분을 모욕할 작정으로 한 말이지만, 그 말은 사실이기도 했다. 그 순간, 예수님은 자신도, 남도 구원하실 수 없었다. 예수님은 남을 구원하기 위해 자기를 희생하기로 선택하셨기 때문이다.

어쩌면 이 세상에서 가장 친절한 말은 이것이 아닐까.

아버지 저들을 사하여 주옵소서
자기들이 하는 것을 알지 못함이니이다(눅 23:34).

저들을 용서하옵소서라니. 상처와 모욕을 받아들이고 용서를 선택하는 것이 진정한 친절이다. 저들을 사하여 달라는 말은 선함과 긍휼과 관용과 은혜를 전한다.

우리가 하나님을 거부하고 우리 삶에 대한 그분의 의로운 통치를 거부하는 것보다 더 큰 죄는 없다. 그런데도 예수님은 우리 죄의 용서를 위해 자기 생명을 주셨다. 예수님이 보여 주셨던 친절 중에 원수들을 용서하신 것보다 더 큰 친절은 없다. 예수님이 십자가 위에서 하신 말 중에 자기를 그곳에 못 박은 자들의 죄를 용서해 달라고 아버지께 구한 간청보다 더 친절한 말은 없다.

예수님이 생의 마지막 극심한 고통의 순간에 친절한 용서의 말씀을 하신 것을 생각할 때, 우리는 우리를 상하게 한 자들을 더 쉽게 용서할 수 있어야 한다. 20세기 설교자 마틴 로이드 존스는 "하나님 앞에서 나 자신을 볼 때마다, 복되신 주님이 갈보리에서 나를 위해 하신 일을 깨달을 때마다, 나는 누구든 무엇이든 용서할 준비가 되어 있다"라고 선포했다고 한다.

당신에게 그런 경험이 없다면, 당신을 용서하신 예수님의 친절을 묵상하는 시간을 가지라. 그리고 예수님의 영이 당신의 마음을 부드럽게 바꾸고 친절과 긍휼을 베풀 수 있게 하사 하나님이 당신을 용서하신 것처럼 남을 용서하기를 기도하라(엡 4:32).

영혼을 위한 달콤함

당신이 일상에서 친절한 말을 하려고 애쓰는 모습은 어떻게 비칠까? 때때로 당신을 화나게 만드는 사람이 있는가? 혹시 가족이나 직장 동료인가? 당신을 성가시게 하는 교회 식구나 따분해 보이는 대화를 이어 가는 이웃이 있는가? 당신이 선량함과 온유함과 넉넉함과 은혜로움으로 반응하는 모습은 어떻게 비칠까? 그리고 그 사람에게 당신의 말은 어떤 영향을 끼칠까?

솔로몬왕은 "선한 말은 꿀송이 같아서 마음에 달고 뼈에 양약이 되느니라"(잠 16:24)고 단언한다. 나는 내 말이 사람들에게 선한 영향을 끼치기를 원한다. 내 말이 생기를 되찾아 주고 영양분을 공급하며 성장과 번영을 촉진하기를 원한다. 그리고 공손함과 은혜로움을 갖춘 사람, 아무도 그렇게 하지 않을 때도 모든 사람을 존엄과 존중으로 대하는 사람으로 알려지기를 바란다. 또 나를 '자매'라고 부르시기를 부끄러워하지 아니하신(히 2:11) 예수님의 친절을 기억하고 남을 똑같은 친절로 대하기를 간절히 소망한다. 당신도 그렇지 않은가?

묵·상·질·문

1. 이번 장은 어떤 점에서 친절에 대한 당신의 이해를 깊어지게 해 주는가?

2. 예수님이 누가복음 7장의 여인을 대하는 방식에서 무엇이 가장 놀랍게 여겨지는가? 그것이 당신에게 어떻게 용기를 북돋워 주는가? 어떻게 도전이 되는가?

3. 당신이 성가시게 여기거나 짜증을 내기 쉬운 대상은 누구인가? 그들을 친족으로 여기는 것이 당신의 말하는 방식에 어떠한 영향을 줄까?

4. 바울은 "서로 친절하게 하며 불쌍히 여기라"라고 말한다. 이번 주에 어떻게 당신의 말을 사용해서 누군가에게 친절과 긍휼을 베풀 수 있을까?

6

희망이 없을 때
"복음의 소망 말하기"

> 너희 마음에 그리스도를 주로 삼아 거룩하게 하고 너희 속에 있는 소망에 관한 이유를
> 묻는 자에게는 대답할 것을 항상 준비하되 온유와 두려움으로 하고
> 베드로전서 3장 15절

"내가 들어 본 말 중에 가장 놀라운 말이에요!"

루스는 암 진단부터 수술까지의 과정에서 경험한 깊은 평안에 대하여 사람들에게 말하고 있었다. 그녀는 예수님과 함께 할 영생에 대한 소망이 어떻게 미래에 대한 두려움을 누그러뜨렸는지를 나누었다. 그녀는 그 미래의 삶이 확실하고 영광스러울 것을 알았기 때문에 죽음을 평안과 기쁨으로 바라볼 수 있었다는 것이다. 나는 그녀의 친구 이브가 얼굴에 놀라움을 감추지 못하고 입을 벌린 채 루스를 쳐다보는 것을 보았다. 이브는 특히나 고난과 죽음 앞에서 그런 소망을 가지고 사는 게 가능하다는 생각조차

하지 못했고 이렇게 외쳤다. "나도 저런 소망을 갖고 싶어요!"

고백할 게 있다. 나는 기독교를 탐구하는 사람들을 위한 강좌를 열심히 운영하고 있었지만, 그런 단순한 대화가 극적인 반응으로 이어질 수 있다고 솔직히 기대하지는 않았다. 그래서 그날의 그 사건은 우리의 말이 진정한 소망을 가져올 수 있다는 사실을 일깨워 주었다.

그리스도인인 우리에게는 참되고 확실한 소망, 삶을 변화시키고 죽음을 두려워하지 않는 소망이 있다. 그 소망은 우리의 삶의 방식(그리고 죽음의 방식)을 통째로 변화시킨다. 예수 그리스도의 부활을 통해 우리도 영원히 살 것을 소망하자. 그것이 세상에서 가장 좋은 소식이다. 우리에게는 이 소망을 절실히 필요로 하는 사람들에게 (설령 그들이 깨닫지 못하고 있을지라도) 말로써 이 소식을 전할 기회가 있다.

복음은 가장 어둡고 절박한 상황 속으로 소망을 가져간다. 당신이 나와 같다면, 당신은 아마도 이 소망을 담대히 전하고 싶어서 고군분투할 것이다. 우리는 친구, 이웃, 직장 동료가 우리의 소망을 알기를 원한다. 하지만 복음에 관해 말하는 것이 부자연스럽고 어색하게 느껴질 수 있다. 그런데 잘못된 내용을 말하는 것을 두려워하는 것이 문제가 아니라 아무것도 말하지 않는 것이 문제일 때가 많다. 사실 우리는 정말 말하고 싶지만, 말이 목구멍과 혀 사이 어딘가에서 꽉 막혀 버린다.

어쩌면 당신은 신앙에 대해 말하기를 포기하고 싶은 유혹을 받아 왔을 것이다. 어쨌거나 말로 이롭게 할 다른 방법이 많으니까 말이다. 그러나 우리가 인내심을 갖고 소망을 말하는 법을 배워 간다면, 이런 유형의 말이 생명을 낳는 가장 놀라운 방법이 될 수 있다고 생각한다.

뜻밖의 손님

예수님은 이 땅에 오셔서 '죄인'(사회 변두리에 있는 자, 종교적 아웃사이더)을 환영하셨다. 하지만 예수님이 오신 것은 '인사이더'(구원의 필요가 덜 명확한 자)에게 소망을 가져다주기 위함이기도 했다. 니고데모는 그런 인사이더 중의 하나였다. 유대 공회의 존경받는 지도자였던 그는 도덕과 종교에 관한 권위자여서 부유했고 자기가 속한 공동체에서 높은 지위를 누렸다. 그래서 그는 예수님이 필요할 뚜렷한 이유가 없었다. 그런데도 그는 예수님을 더 알고 싶어서 찾아왔다.

> 그런데 바리새인 중에 니고데모라 하는 사람이 있으니
> 유대인의 지도자라 그가 밤에 예수께 와서 이르되 랍비여
> 우리가 당신은 하나님께로부터 오신 선생인 줄 아나이다

하나님이 함께 하시지 아니하시면 당신이 행하시는
이 표적을 아무도 할 수 없음이니이다(요 3:1-2).

우리는 니고데모가 예수님을 밤에 찾아온 이유를 모른다. 어쩌면 단순히 낮에는 너무 바빠서 대화할 시간이 없었을 수도 있다. 아니면 남의 눈을 피해 만나고 싶었을 수도 있다. 그런데 일반적으로 바리새인들은 예수님을 환영하지 않았다. 그 이유는 예수님은 종교적인 훈련을 받지 않았음에도 그들의 권위에 도전하는 대담성을 보이셨기 때문이다. 게다가 예수님은 반(反)종교적이고 평판이 안 좋은 사람들과 어울리셨는데 그들은 공동체의 고위층이라면 사귀지 않을 부류였다. 아마도 니고데모는 예수님과 함께 있는 것을 공개적으로 보여줘서 자기 평판을 위험에 빠뜨리는 걸 원하지 않은 것 같다.

하지만 예수님이 행하신 기적들은 예수님이 평범한 선생이 아니라는 확신을 준다. 그래서 그는 더 알기 원했다. 어쩌면 니고데모는 예수님이 세례 요한과 같은 선지자라고 생각했는지도 모른다. 약속된 메시아를 위해 백성을 준비시키려고 보냄을 받았다고 말이다. 만약 그게 사실이라면, 아마도 예수님은 하나님 나라가 언제 도래하는지, 어떤 징후를 구해야 하는지를 말해줄 수 있을 거라고 그는 생각했을 수도 있다. 그게 아니라면, 니고데모는 예수님이 "그 메시아이시다"라는 사람들의 말을 들어본 적이 있는

지도 모른다. 그래서 그게 과연 사실인지 살펴보기를 원했을 수도 있다. 그는 '하나님이 예수님과 함께하심'은 인정할지라도 '예수님이 하나님이심'은 알지 못한 게 분명하다. 그는 예수님이 정녕 누구신지를 그때는 이해하지 못했다. 그래서 그가 들어야 할 대답에 맞는 질문(예수님은 어떻게 하나님 나라에 그의 자리가 있다는 걸 확신할 수 있는지)을 여쭙지 않았다.

그런데 예수님은 니고데모가 그의 필요를 깨닫기까지 기다리지 않으시고 그에게 분명하게 말씀하셨다.

> 진실로 진실로 네게 이르노니 사람이 거듭나지 아니하면
> 하나님의 나라를 볼 수 없느니라(3절).

니고데모는 예수님의 기적을 목격했지만, 지금 그에게 필요한 것은 자신의 기적, 곧 거듭남이라는 기적이었다. 그것이 없이는 그의 모든 종교 행위가 쓸데없는 것이었다. 그는 종교 엘리트에 속했으나, 영적으로는 맹인이어서 회개와 마음의 변화가 필요하다는 것을 몰랐다. 그러나 예수님은 아무런 일침도 날리지 않으시고 그저 니고데모가 자기 문제에 직면하게 하신다. "너는 종교적일지 모르지만, 니고데모야, 하나님 나라를 보지 못하는구나!" 예수님은 소망의 말씀을 이 대화의 끝에서 니고데모에게 하시지만, 그보다 먼저 니고데모가 그 소망이 그에게 절실히 필요한 이

유를 알기 원하셨다.

니고데모는 예수님이 누구신지 알기 원했으나, 먼저 자신이 누구인지를 알아야 했다. 그는 도덕적이고 종교적이며 존경받을 만했을 수도 있지만, 흘러내리는 옷자락과 눈에 띄는 회당에서의 좌석에도 불구하고 길거리에 버림받은 추방자처럼 하나님 나라 밖에 있었다.

게다가 그는 예수님의 말씀을 이해하지 못했다.

> 니고데모가 이르되 사람이 늙으면 어떻게 날 수 있사옵나이까 두 번째 모태에 들어갔다가 날 수 있사옵나이까(4절).

예수님은 니고데모의 이해력 부족을 드러내신다. 이 바리새인, 니고데모는 자기의 유대인 혈통이 장차 올 나라에서 자기 자리를 보장한다고 생각했다. 그래서 그에게 참으로 필요한 것은 성령님이 주신 새 생명이라는 사실을 알지 못했다(5-6절). 그는 거듭나야 했고 예수님은 그가 이제껏 믿는 구석으로 여기던 것을 치워 버리셨다. 니고데모는 더 이상 하나님 나라에서 자기 자리를 보장받지 못하는데 이는 그가 아기로 태어날 가족을 선택할 수 없었던 이유와 같다. 그런 일은 전부 성령님의 사역이기 때문이다.

하지만 예수님의 나머지 말씀은 니고데모에게 소망이 있음을 분명히 한다.

모세가 광야에서 뱀을 든 것 같이 인자도 들려야 하리니
이는 그를 믿는 자마다 영생을 얻게 하려 하심이니라(14-15절).

예수님이 들리실 것을 니고데모가 믿으면, 니고데모는 영생을 얻게 된다는 이것이야말로 니고데모가 들어야 할 말이었다. 그에겐 문제가 있었으나, 그 문제에는 소망 가득한 해결책이 있었고 예수님이 그 소망을 확실히 보여 주셨다. 그 결과로 한 사람이 변했다.

니고데모는 어둠의 보호 아래 은밀하게 예수님을 찾아왔다. 하지만 이 바리새인은 예수님이 십자가형을 당하신 후에는 아리마대 요셉과 함께 빌라도를 찾아가 적절한 장례를 치를 수 있도록 예수님의 시체를 달라고 요청했다. 아리마대 요셉은 예수님의 제자였지만 유대 지도자들을 두려워했기 때문에 세사라는 사실을 숨겼다. 하지만 예수님의 제자들에게는 가장 취약했던 순간에, 요셉은 반대로 공개적으로 자기가 예수님과 한패임을 드러내서 예수님이 고귀한 장례를 치르실 수 있게 했는데 니고데모도 그와 함께했었다(요 19:38-39). 예수님이 니고데모를 영원히 바꾸어 놓을 소망의 말씀을 하셨기 때문이다. 예수님의 말씀으로 그는 영적으로 눈먼 바리새인에서 성령으로 담대해진 제자로 변화되었다.

복음은 삶을 영원히 바꾸어 놓는 참된 소망을 가져다준다. 복음이 꼭 우리의 현 상황을 바꾸어 주지는 않지만, 복음은 기다릴

가치가 있는 보장된 미래를 즐거이 기대하면서 우리가 현 상황을 인내할 수 있게 한다. 니고데모는 예수님과 한패임을 공개적으로 드러내는 데 불편한 마음을 느꼈을 것이다. 모든 제자가 그랬기 때문이다. 그리고 그의 명성도 어려움을 겪었을 게 틀림없고 심지어 박해를 당했는지도 모른다. 하지만 그는 하나님 나라의 자리는 지위나 명성이 아니라 예수님을 믿는 믿음으로 결정된다는 사실을 알았기 때문에 그런 불편과 역경을 맞이할 수 있었을 것이다.

마찬가지 이유로, 내 친구 루스 역시 암 진단을 받고도 평안과 기쁨을 유지할 수 있었다. 그녀의 소망은 깨끗한 검사 결과나 성공적인 수술이 아니라, 언젠가 몸이 온전히 회복되고 다시는 망가지지 않을 거라는 앎에 의존한다.

이 소망을, 우리는 주변 사람들과 나눌 기회가 있다. 우리는 마음만 먹으면 사람들의 삶에 이런 소망을 가져다주는 역할을 할 수 있다. 그저 말만 하면 된다!

소망을 공급받은 삶

이번 장은 말로 복음을 전하는 것에 관한 장이지만, 종종 그것에 선행하는 단계가 있다. 베드로는 "너희 속에 있는 소망에 관한 이유를 묻는 자에게는 대답할 것을 항상 준비하되 온유와 두려움으로 하고"(벧전 3:15)라고 말하면서 이것을 예견한다.

베드로는 그리스도인들이 삶의 방식에서 확연히 구별될 것이기에 이웃들이 그 이유를 궁금해할 것이라고 생각한다. 베드로가 글을 쓸 당시는 예수님을 믿는 신자들이 박해의 위협에 직면했을 때다. 그들은 고난을 당하게 될 것이고 주변 사람들은 어떻게 그들이 그런 적대감과 부당한 대우를 소망과 기쁨으로 인내할 수 있는지 궁금해할 것이다. 그리고 그리스도인들에게 그 일이 어떻게 가능한지를 설명해 달라고 물을 것이다.

우리도 우리가 직면한 역경(베드로의 독자들이 직면했던 박해와 같은 대립일 수도 있고 좀 더 일반적인 삶의 어려움일 수도 있다)을 대할 때 이런 일을 예상할 수 있다. 우리가 계속해서 잘 살면서 공동체에 선한 영향력을 끼치면, 우리의 이웃과 동료와 믿지 않는 친구와 가족들은 그게 어떻게 가능한지 묻고 싶어질 것이고 그것이 우리 속에 있는 소망을 분명하게 전하는 기회를 만든다.

애셔스 제과 회사의 대니얼과 에이미 맥아더 부부는 이런 점에서 좋은 본보기가 된다. 북아일랜드 출신의 이 그리스도인 부부는 동성결혼 지지를 홍보하는 케이크를 굽지 않겠다고 거절했기 때문에 무려 4년 반 동안 법원 판결과 항소의 시간을 견뎠다. 그 시간 동안 그들은 기독교 신앙을 확고히 고수했고 인격에 대한 끊임없는 조롱과 공격이 이어졌음에도 온유하고 품위 있게 말했다. 2018년 대법원 승소 후에, 신문기자인 앤드루 피어스는 그들과의 만남에 대해 이렇게 기록했다.

> 그들은 나를 환대했다. 내가 동성애자이고 동성결혼을 한 사람인 걸 알고 있었음에도 말이다. 그들이 내게 대접한 케이크는 훌륭했다. 그들은 사랑스러운 부부였다. … 다음에는 애셔 부부에게 케이크를 구워달라고 부탁할 것이다(데일리 메일, 2018년 10월 11일).

나는 베드로가 마음에 둔 것이 바로 이것이라고 생각한다.

마찬가지로, 우리가 슬픔과 고난을 겪으면서도 소망으로 인내하는 것을 보고 다른 사람들이 그 이유를 궁금해해야 한다. 이것은 루스와 이브의 대화에서 일어난 일이다. 이브는 루스가 온전한 평안 가운데 죽음에 직면하는 것을 목격했고 어떻게 그 일이 가능한지를 알고 싶어 했다. 그리고 루스는 소망의 이유를 나눌 준비가 되어 있었다.

베드로는 우리 모두에게 이 질문에 대답할 준비를 하라고 조언한다. 그는 독특하게도 우리가 소망이 가득한 삶을 살고 있다고 간주한다. 여기서 잠시 멈추어서 당신의 삶이 어떻게 그 소망을 반영하는지 생각해 볼 가치가 있다. 실망이 찾아올 때, 당신의 전형적인 반응은 당신에게 최선의 것만을 허락하시는 주권자 하나님에 대한 당신의 신뢰를 반영하는가? 재정의 불안정, 건강 악화, 관계로 인한 가슴앓이 등에 직면할 때, 모든 위로의 하나님에 대한 당신의 소망은 당신의 말과 행동에서 분명히 드러나는가? 당신의 불신자 친구들이 당신 안에서 이런 소망을 보게 될 가능성이 큰가?

그리고 그들이 당신에게 그것에 대해 설명해 달라고 요청할 때, 당신은 준비가 되어 있는가? 지금이라도 연습할 수 있다. 예수님이 하신 일이 무엇이고 그것이 왜 당신에게 중요한가? 당신은 분명하고 설득력 있게 대답할 수 있는가? 만약 당신이 확신하지 못하겠다면, 그리스도인 친구들에게 그들을 상대로 연습해 봐도 되겠냐고 부탁하라. 아니면 받게 될 질문에 대해 답안지를 작성해 보라. 그런 방법으로 당신은 기회가 왔을 때 준비되어 있을 수 있다. 기발한 원고는 필요 없고 커다란 신학적 문제들에 대답할 수 있어야 하는 것도 아니다. 단지 당신의 이야기를 나눌 수만 있으면 된다.

누군가의 필요를 찾아서

지난 토요일에 나는 복음전도를 주제로 한 콘퍼런스에 참석했다. 점심시간에 같은 테이블에 앉은 여성들이 하나님을 믿는 것 혹은 교회를 누리는 것에 대해서는 꽤 말하기 쉽지만, 믿는 자들의 구원을 위해 십자가에서 죽으시고 다시 살아나신 예수님 안에 있는 소망을 나누는 것에 대해서는 쉽게 입이 떨어지지 않는다고 했다.

나는 많은 이가 그것을 어렵게 여기는 중요한 이유가 거절당하는 것이나 어리석어 보이는 것을 두려워하는 데서 기인한다고 생각한다. 그리고 영적으로 죽어있는 자들을 향한 우리의 사랑이 아주 깊지 않기 때문이기도 하다. 또 한편으로는, 우리의 말이 정말로 영향력이 있다는 믿음이 부족하기 때문이기도 하다. 우리의 죄가 용서받았고 우리의 미래가 보장되어 있다는 사실을 알 때 경험하는 기쁨을 우리가 효과적으로 전달할 수 있을까? 게다가 우리의 친구들이 과연 신경이나 쓸까? 때로는 우리부터가 소망이 필요하다. 우리의 친구들이 정말로 복음을 듣기 원할 것이라는 소망 말이다.

많은 이가 소망을 필요로 하는 영역이 무엇인지 생각하고 그것을 위해 기도하는 것은 좋은 출발점이다. 재정의 확보가 어려워서 스트레스를 받고 있는가? 혹은 건강 악화로 인해 고통스러워하는가? 또는 더 충실한 관계를 갈망하진 않은가? 아니면 더 심오한 삶의 목적이나 더 깊은 만족감을 갈망하고 있는가?

예수님은 니고데모와의 만남에서 그가 하나님 나라를 소망하고 있다는 걸 알아차리셨다. 그래서 예수님은 자신이 바로 그 소망을 성취할 길이라고 설명하셨다. 당신과 나는 우리가 만나는 사람들의 소망에 대한 답이 될 수 없다. 오직 예수님만이 답이기에 우리는 그분을 소개할 수 있다.

그래서 아마도 다음과 같은 대화가 이루어지지 않을까.

"당신은 더 깊은 삶의 목적과 의미를 찾고 있는 것 같군요. 제 생각에는 어떤 면에서 우리는 누구나 그렇게 느끼는 것 같아요. 제가 예수님을 발견한 이래로 갖게 된 삶의 목적에 대해 당신에게 나누어도 될까요?"

"당신이 실망감 때문에 괴로워했다니 정말 힘들었겠어요. 저는 그게 얼마나 고통스러울 수 있는지 알아요. 어떤 면에서 모든 사람이 우리에게 실망감을 안기는 게 현실인 것 같아요. 우리는 다 인간이니까요. 그래서 저는 예수님과의 관계에서 얼마나 큰 위로를 받는지 몰라요. 온전히 일관되고 안전한, 유일한 관계거든요."

"엄마가 돌아가셨을 때, 마치 세상이 무너지는 것 같이 느껴졌어요. 솔직히 저는 지금도 슬퍼요. 벌써 몇 년이나 지났지만요. 하지만 예수님이 죽음을 이기셨다는 사실을 알게 되면서 모든 것이 달라졌어요. 저는 언젠가 엄마와 제가 완전한 곳에서 영원히 살리라는 걸 알아요. 때로는 저를 지탱해 주는 유일한 것이 바로 이 소망이에요."

"저는 당신이 겪는 죄책감에서 해방되는 게 가능하다는 사실을 당신이 알기를 바라요. 그런데 당신이 저지른 일이 문제 되지 않는다고 말하려는 게 아니에요. 예수님이 용서하신다고 말하고 싶은 거예요. 우리가 저지른 가장 큰 실수도 그분은 용서하세요. 저는 그분의 용서하심을 경험했어요. 당신도 그것을 경험하기를 진심으로 바라요."

"당신이 겪는 일을 제가 완전히 이해하지 못한다는 걸 알아요. 하지만 예수님은 이해하세요. 그분 역시 이 망가진 세상을 사셨기 때문이에요. 게다가 그분은 이런 상황에서 당신에게 평안을 주기를 간절히 바라세요. 그리고 결코 흔들 수 없는 장래의 소망도 주기를 바라시죠."

소망이 없는 것 같은 지인들을 떠올려 보라. 그들의 필요는 무엇인가? 그들이 미처 깨닫지 못한, 더 깊고 근본적인 갈망이 있는가? 당신이 어떻게 하면 부드럽게 그런 필요를 드러내고 예수님을 답으로 가리킬 수 있는지를 보여 달라고 성령님께 구하라.

사실 예수님에 관해 말하는 것 자체가 쉬운 일이 아닐 수 있다. 당신은 어쩌면 이런 것들을 말하는 자기 모습을 전혀 상상할 수 없을지도 모른다. 내가 시험 삼아 어느 그리스도인 친구에게 이런 대화를 시도했을 때, 그녀는 이렇게 말했다. "말은 참 쉽게 하는구나!" 그러나 믿지 않는 친구나 가족과의 실제 대화에서는 전혀 쉽지 않을 것이다. 만일 우리의 말이 연착륙하지 않는다면, 거절당하고 상처받을 위험이 있다.

복음전도자 리코 타이스는 『정직한 복음전도』(*Honest Evangelism*)에서 이것을 '고통의 선'이라고 부른다. 그 이유는 당신을 편안하고 쉬운 대화에서 강제로 끄집어내어 어색함이나 적대감을 맞이하게 될 말을 하는 순간이기 때문이다. 그래서 미리 이런 연결지점에 대해 생각해 보는 것이 도움이 될 수 있고 좀 더 준비되어 있다고 스스로 느끼게 된다. 그럼에도 여전히 넘어야 할 고통의 선은 있다. 하지만 리코가 강조하듯이, 우리가 상대방의 삶에서 희망의 꽃을 보기 원한다면, 우리는 용기를 가지고 기꺼이 그 선을 넘어야 한다.

말하는 태도

우리의 이야기를 나누려면 용기가 필요하다. 특히 따뜻한 반응을 자신할 수 없다면 더욱 그렇다. 소망을 나눌 준비를 하라는 베드로의 명령은 그리스도를 우리 마음속에 주님으로 모시라는 부르심에 뒤따른다. 그리스도에 대한 올바른 경외심이 다른 사람들에 대한 두려움을 감소시킨다. 하지만 우리가 사람을 두려워하지 않는다고 해도, 우리의 소망을 변호할 준비가 되어 있다 해도, 베드로는 우리에게 먼저 온유해지라고 요구한다.

온유와 두려움으로 하고(벧전 3:15).

말하는 태도는 그 내용만큼이나 중요하다. 우리는 우리의 소망을 거만하게 떠벌리듯이 자랑해서는 안 되고 우리가 받게 될 질문을 묵살해서도 안 된다. 설령 진심 어린 존중의 태도로 질문받지 못한다 해도 말이다. 오히려 우리는 청중을 향해 온유와 존중의 태도로 우리의 소망을 나누어야 한다.

나는 베드로가 단순히 복음이 참이고 우리의 소망이 진짜라는 사실을 의심하는 자들에게 확신을 주기 위한 전략으로 이것을 제안한다고 생각하지 않는다. 아무리 온유하게 말하는 것이 분노를 누그러뜨릴 수 있다 해도(잠 15:1) 말이다. 온유와 존중은 마땅히 다른 사람에게 보여야 할 반응인데 그 이유는 그가 하나님의 형상으로 창조되었기 때문이다. 그런데 그 사람은 현재 소망이 절실히 필요한 상황에 있다. 그 소망은 이미 우리에게 넉넉히 주어졌고 우리는 그 소망을 나누라고 부름을 받았다.

그러므로 우리는 강압적이거나 우월한 태도가 아니라 오래 참음과 온유의 태도로 우리의 소망을 나누기를 원하게 될 것이다. 공손함이 더 중요하다는 것을 기억하며, 믿지 않는 자들에게 하나님이 당신 안에 두신 소망의 말을 전할 때 온유하고 겸손한 마음을 달라고 기도하라.

진짜 바깥세상으로

소망의 말을 하는 가장 쉬운 방법은 우리가 직접 예수님을 만났던 이야기를 전하는 것이다. 예수님이 우리의 실제적인 필요를 어떻게 채우시고 어려운 환경을 견딜 힘을 주시는지, 그리고 그분이 슬픔 가운데 우리를 어떻게 위로하시고 고통의 한복판에서도 어떻게 예기치 못한 기쁨을 주시는지, 또 그분이 우리의 두려움을 어떻게 잠재우시고 우리의 깊은 갈망을 만족시키시는지, (우리가 예수님을 사랑하지 않을 때도) 그분이 얼마나 변함없이 우리를 사랑하고 환대하시는지, 그리고 그분의 용서가 어떻게 우리를 죄책감과 수치심에서 벗어나게 하는지, 또 죽음에서 다시 살아나신 예수님의 부활이 우리가 죽음에서 다시 일어나 그분과 함께 영원히 살 것이라는 사실을 어떻게 보증해 주는지를 나누는 것이다.

사실 이것을 글로 쓰면 매우 단순해 보이고 간단하며 설득력 있게 보인다. 이런 예수님을 만나고 싶지 않은 사람이 과연 누가 있을까? 하지만 실제로 바깥세상에 나가서 이웃을 우연히 만난다면, 그녀가 정말 이 소망을 원할지에 대한 나의 확신이 줄어들 것을 안다. '정말 내 말이 그녀에게 영원한 변화를 가져다줄 수 있을까?'라는 의심이 생길 것 같다. 솔직히 말하자면, 어떤 사람들은 구원받을 거라고 믿기 힘든 사람들도 있다. 그 이유는 그들의 생활 방식이 너무나 확고하고 복음에 적대적인 모습을 보이기 때문이다. 그런 그들에게 예수님을 전함으로써 굳이 고통의 선을 넘는 것은, 어쨌거나 그들이 아무 반응도 보이지 않는다면 무의미한 일이 아닐까 싶다.

하지만 나는 성령님이 나의 이야기를 사용하셔서 그런 사람들도 (그렇지 않았다면 보지 못했을) 하나님의 영광을 엿보게 하실 것을 신뢰해야 한다. 하나님이 다른 누군가의 말로 나에게 그분을 계시하셨던 것처럼 나의 말로 다른 사람들에게 그분을 계시하실 수 있다는 사실을 믿어야 한다. 하나님을 신뢰함으로 이웃에게 예수님 안에 있는 나의 소망에 관해 나눌 때, 그녀는 이브처럼 "나도 저런 소망을 갖고 싶어!"라고 생각하게 될 것이다.

니고데모의 이야기는 나에게 소망을 준다. 예수님의 제자들에게 바리새인들은 소망 없는 사람들처럼 보였을 게 틀림없고 그들은 율법 전문가였지만, 율법에 순종하지 않았다. 사실 그들은 이웃 사랑보다는 자기의 높은 지위에 더 관심이 있었던 것이었다. 그래서 예수님은 그들의 위선을 폭로하셨고 그분을 거부한 것으로 인해 직면하게 될 심판에 대해 경고하셨다. 그들의 종교적 겉치장에도 불구하고 그들은 하나님 나라와는 거리가 멀었기 때문이다. 그럼에도 예수님은 그분과의 관계를 원하는 모든 자에게 (심지어 이런 종교적인 위선자들에게도) 소망을 주신다.

> 그런데 바리새인 중에 니고데모라 하는 사람이 있으니(요 3:1).

요한복음이 끝날 때까지 우리는 니고데모의 변화에 관해 읽게 된다. 사실 요한복음 3장에서 예수님과 그와의 대화가 끝날 때도 우리는 그가 예수님이 주시는 소망을 받아들일지에 대해 알 수가 없다. 물론 예수님은 하나님이시기에 니고데모가 언젠가 그분을 믿고 생명을 얻게 되리란 걸 아셨다. 반면에 우리는 친구들과 복음의 소망을 나눌 때 이런 확신을 갖지 못한다.

그렇다고 해서 소망의 말을 멈추어서는 안 된다. 그 이유는 사람들이 어떻게 반응할까 혹은 어떻게 반응하지 않을까를 생각하는 게 아니라 신실하게 예수님의 약속(예수님을 믿는 자마다 그분 안에서 영생을 얻는 것)을 전달하는 것이 그리스도인의 임무이기 때문이다. 이것이 얼마나 놀라운 특권인가!

묵·상·질·문

1. 당신의 소망에 관해 말하는 것이 가장 어렵게 느껴지는 상황은 무엇인가? 당신은 무엇을 두려워하는가?

2. 바로 지금 소망은 어떻게 당신을 지탱하고 있는가? 당신의 지인 중에 이런 삶의 영역에서 소망이 필요한 사람은 누구인가? 당신은 그들에게 당신의 이야기를 어떻게 나눌 수 있을까?

3. 당신이 아직 함께 '고통의 선을 넘지' 않은 친구나 가족을 떠올릴 수 있는가? 당신을 막고 있는 것은 무엇인가? 이번 장은 당신이 좀 더 용기를 내도록 어떻게 당신을 격려해 주는가?

4. 베드로는 "너희 속에 있는 소망에 관한 이유를 묻는 자에게는 대답할 것을 항상 준비하되"(벧전 3:15)라고 말한다. 당신의 삶(그리고 말)은 예수님 안에 품은 당신의 소망에 관해 호기심을 불러일으킬 만큼 충분히 눈에 띄는가? 당신은 이 소망에 관한 이유를 설명할 준비가 되어 있는가? 만약 그렇지 못하다면, 당신이 할 말에 대해 생각할 시간을 가지라. 그리고 이번 주에 그것을 나눌 기회를 달라고 기도하라.

7

장점을 보지 못할 때
"칭찬하고 하나님을 찬양하기"

항상 기뻐하라 쉬지 말고 기도하라 범사에 감사하라
이것이 그리스도 예수 안에서 너희를 향하신 하나님의 뜻이니라
데살로니가전서 5장 16-18절

웰링턴 공작이 19세기 대영제국의 가장 위대한 군사 지도자였음은 틀림없다. 그는 뛰어난 전략가였고 워털루 전투에서 나폴레옹을 막아 낸 것으로 유명했다. 하지만 그는 까다로운 사람이었고 좀처럼 자기 부하들을 칭찬하는 일이 드물었는데 그는 훗날 그것을 후회했다. 어느 날, 그가 노인이 되어서 삶을 다시 살 수 있다면 다르게 하고 싶은 일이 있느냐는 질문을 받았다. 웰링턴은 잠시 생각하더니 이렇게 대답했다. "칭찬을 더 많이 하겠소."

칭찬은 왜 받는 것보다 하는 것이 더 어려울까? 우리는 대개 사람들이 우리를 인정해 주고 격려해 주면 감사히 여긴다. 우리는 칭찬의 말이 어떻게 삶을 풍요롭게 하는지 안다. 칭찬은 동기를 부여하고 영감을 불어넣으며 인내하도록 격려한다. 그리고 공동체 안에서 사람들의 가치를 일깨워 주고 그들의 기여가 제대로 평가받게 해 준다. 그런데 우리는 왜 다른 사람을 칭찬하는 데 인색한 걸까? 이유는 여러 가지다!

그중 하나는 가식적으로 비칠까 하는 두려움이다. 잠언은 아첨의 어리석음을 강조한다.

이웃에게 아첨하는 것은
그의 발 앞에 그물을 치는 것이니라(잠 29:5).

눈에 보이는 모든 것을 칭찬하는 사람들은 사실 신뢰하기 어렵다. 왜냐하면 그들이 하는 말의 진의를 알 수 없기 때문이다. 그래서 당신이 일을 잘한 건지 잘 못 한 건지도 확신할 수 없게 된다. 누구도 그런 알 수 없는 사람이 되고 싶지는 않을 것이다.

또 다른 하나는 지나친 칭찬은 교만을 낳는다는 염려다. 어쨌거나 누군가를 자만하게 만든 결과에 책임지고 싶어 하는 사람은 없다. 그래서 우리는 칭찬을 억누르는 것이 겸손을 독려하고 '단 한 분의 청중'을 기쁘시게 하는 데만 초점을 맞추려는 올바른 열망을 권장한다고 생각한다.

하지만 나는 칭찬을 자제하는 가장 일반적인 이유가 다른 사람의 공적을 칭찬할 때 우리 자신이 상대적으로 '열등해' 보이는 위험에 빠지기 때문은 아닌지가 의심스럽다. 만약 모두가 그들의 뛰어남을 보게 될 때, 반대로 우리의 부족한 능력이 드러날 수 있기 때문이다. 그리고 만일 우리가 그들의 온유와 오래 참음에 관심을 쏟을 때, 그 영역에서 우리의 약점이 두드러질 수도 있다. 그렇게 우리의 약점이 드러날 때, 우리는 어색해하거나 창피하게 느끼고 넘어갈 수도 있다. 또 우리는 다른 일에 집중하다가 주변 사람들을 칭찬하는 것을 자주 잊는다.

당신은 우리가 왜 칭찬에 인색한지 다른 이유를 떠올릴 수도 있을 것이다. 하지만 그게 진짜 중요할까? 칭찬하는 것이 그리스도인답게 옳은 것을 말하는 법을 배우는 일에 그렇게 중요한 부분인가? 사도 바울은 그렇다고 말할 것 같다.

깊은 기쁨

바울이 1세기 교회에 쓰는 편지를 수신자들에 대한 감사로 시작한다는 사실은 놀랍다. 그는 믿음, 지식, 영적인 은사, 하나님의 사람들에 대한 사랑, 사역에서의 동역, 고된 수고와 인내를 인정해 주고 있다. 그런데 그는 그런 칭찬이 가식이 되거나 게으름과 교만으로 끝날까 걱정하는 것 같지 않다. 게다가 타인의 삶에 부어진 하나님의 은혜에 관심이 집중되어서 자기의 인기가 줄어

들면 어쩌나 염려하지도 않는다. 바울은 자기가 가르치고 기도한 사람들의 영적인 진보에 진심으로 기뻐하는데 이는 마치 아비가 자녀의 성장을 기뻐하는 것과 같다. 좋은 아버지가 자녀를 칭찬으로 격려하듯이 바울도 그렇게 자기가 사랑하는 사람들과 교회들을 칭찬한다.

바울의 칭찬은 피상적이지 않다. 구체적이고 본질적이며 영적이다. 그가 데살로니가에 쓴 두 통의 편지는 우리에게 좋은 본보기가 된다. 바울은 실라와 디모데와 함께 몇 년 전 그들이 세운 이 신생 교회에 편지를 썼는데 데살로니가 교회에게 어떠한 반대에 부딪혀도 계속해서 믿음 안에 있으라고 그들을 독려한다. 그들의 편지는 진리와 순종해야 할 가르침으로만 채워진 게 아니었고 데살로니가인들에 대한 칭찬도 있었다.

사실 이런 찬사는 대개 하나님을 향한 것이다. 그들의 인생에 베푸신 하나님의 일하심에 대한 찬양이다. 우리는 이 점에 주목해야 한다. 하나님이 교회 안에서 일하시니 모든 찬양은 일차적으로 하나님을 향해야 한다. 그러므로 우리는 우리가 격려하고자 하는 사람들의 인생에서 하나님이 일하고 계심을 인정해야 한다. 그리고 오직 그분만이 받으시기에 합당한 영광을 그분께 돌려야 한다.

그런데 바울의 찬사는 데살로니가의 그리스도인들을 인정하고 격려하는 데도 사용된다. 특히 그들이 겪고 있는 박해와 고난에 비추어 볼 때 그렇다.

> 우리가 너희 모두로 말미암아 항상 하나님께 감사하며
> 기도할 때에 너희를 기억함은 너희의 믿음의 역사와
> 사랑의 수고와 우리 주 예수 그리스도에 대한 소망의 인내를
> 우리 하나님 아버지 앞에서 끊임없이 기억함이니(살전 1:2-3).

데살로니가 교회는 바울의 부재중에도 계속해서 번창해 왔기에 그는 감사한다. 그는 믿는 자들이 배운 바를 실천하고 하나님을 믿는 믿음이 그 지역에 널리 알려진 것을 알고 기뻐한다(8절). 바울과 친구들은 기도 가운데 그들로 인해 하나님께 감사한다. 그리고 데살로니가 사람들의 사역이 믿음에서 비롯된 것으로 인해 감사하며 하나님 나라를 위해 수고하게 만드는 사랑으로 인해 감사한다. 또 그들의 인내가 그리스도의 재림에 대한 소망에서 비롯된 것으로 인해 감사하고 있다.

편지의 첫 문단이 읽힐 때 데살로니가의 신자들이 어떻게 느꼈을지를 상상해 보라. 그들은 박해를 당하고 있었고 앞으로도 계속 그러할 것이었다. 그런 그들을 향해 바울은 먼저 그들의 인내와 수고를 인정해 주고 그것이 끼친 영향에 주목한다. 그 이유는 그들이 고난 당하는 다른 이들에게 본보기가 되었기 때문이다.

나중에 바울은 이렇게 말한다.

> 이러므로 형제들아 우리가 모든 궁핍과 환난 가운데서
> 너희 믿음으로 말미암아 너희에게 위로를 받았노라 그러므로
> 너희가 주 안에 굳게 선즉 우리가 이제는 살리라 우리가 우리
> 하나님 앞에서 너희로 말미암아 모든 기쁨으로 기뻐하니 너희를
> 위하여 능히 어떠한 감사로 하나님께 보답할까(살전 3:7-9).

데살로니가 사람들이 힘든 상황에서 인내하는 믿음은 바울과 다른 이들에게 기쁨을 불러일으킨다. 교회가 이 사실을 아는 것은 매우 유익하다. 왜냐하면 삶의 열매를 보기 힘들어도 계속해서 인내할 용기를 성도에게 주기 때문이다. 그래서 바울과 그의 동료들이 보내는 이 강력하고 구체적인 칭찬은 어마어마하게 선한 영향을 끼칠 것이다.

나에게는 자신의 믿음이 매우 약하다고 여기는 그리스도인 친구가 있는데 그녀는 자기 삶에 지대한 영향을 미치는 정신건강 문제로 씨름한다. 과거에서 비롯된 죄책감과 수치심 때문에 끊임없이 전쟁을 치르고 있다. 그런데 내가 그녀에게 그녀의 인내가 나와 친구들에게 얼마나 큰 용기를 주는지 모른다고 말하면 그녀는 믿기 어려워한다. 그녀는 자신이 약하며 깨지기 쉽다고 (그리고 나머지 우리는 강하고 잘 정돈되어 있다고) 여기기 때문이다. 그래서 우리는 그녀에게 구체적인 경험담을 말해 주려고 애쓴다. 특별한 싸움을 싸우는 그녀의 인내가 어떻게 우리가 연약함과 좌절의 상황에서

도 전진하게 해 주었는지 말이다. 그리고 그녀가 (때로는 눈물을 흘리며) 진리를 노래하는 것을 보고 들을 때 주님이 진실로 우리 인생을 다스리시고 우리의 유익을 위해 모든 일에 목적을 두고 일하신다는 사실을 더욱 확신하게 되며 더 크게 노래하게 된다고 말해 주었다. 그녀의 인내가 우리에게 어떻게 유익을 끼치는지 이해하게 되면, 상황이 여전히 괴로울지라도 그녀는 계속해서 전진할 것이다. 나는 "힘내, 잘하고 있어!"라는 막연한 말보다 이런 구체적인 인정이 더 큰 영향력이 있다고 믿는다.

18세기 영국의 작가인 새뮤얼 존슨은 "모든 사람을 칭찬하는 자는 아무도 칭찬하지 않는 것이다"라고 말했다. 물론 그의 요점은 이해하지만, 그 말에 전부 동의하지는 않는다. 그 이유는 나는 우리가 칭찬에 너그러워야 한다고 생각하기 때문이다. 게다가 우리의 말이 상대방에게 특화된 것이면, 거기에는 제대로 된 의미가 담기리라고 생각한다. 막연한 감상은 별다른 감동을 주지 못하지만, 구체적인 행동과 성품을 인정해 주는 것은 오래도록 영향을 미칠 수 있다. 이 말은 우리가 3장에서 살펴보았듯이, 칭찬할 만한 좋은 것들에 깨어 있어야 한다는 뜻이다. '아름다움과 선'을 감지하는 우리의 안테나가 올라가야 한다. 하나님이 우리 삶에 두신 사람들 안에 있는 장점을 깨닫고 감탄할 준비가 되어 있어야 한다.

사실 비난과 불평이 칭찬과 격려보다 훨씬 더 쉽다. 바울은 도움이 될 만한 본보기를 제공하는데 데살로니가에 쓴 편지를 읽을 때, 우리는 대적, 고난과 능욕(살전 2:2, 15), 궁핍과 환난(3:7), 게으르고 분열을 일으키는 교인들(살후 3:11) 등 바울이 불평할 게 참 많다는 걸 알게 된다. 물론 바울이 나중에 경고도 하고 지도도 하지만, 우선은 데살로니가인들을 너그러이 칭찬하고 그들을 향한 그의 사랑을 보증하는 데서 말을 시작한다. 우리가 사람들을 비난하고 싶은 유혹을 받을 때 이 부분을 기억해 두면 도움이 될 것이다. 먼저 그들에 대한 칭찬과 감사를 하고 그 후에 우리의 불평이 꼭 표현되어야 하는지를 따져 봐야 한다.

이 원칙을 온라인상의 말과 소셜 미디어의 포스트에도 적용할 수 있다. 일단 불평하는 이메일을 보내기 전에 잠시 멈춰서 먼저 격려할 건 없는지 따져 보아야 한다. 그리고 SNS에 비난 글을 올리기보다는, 다른 사람의 장점을 보게 해 주는 것을 나누기로 선택할 수 있다. 우리가 꼭 부정적인 견해에 동참할 필요는 없고 오히려 소셜 미디어를 사용해서 좋은 점을 칭찬하고 격려하며 지지할 수 있다.

칭찬 퍼뜨리기

칭찬은 당사자 앞에서뿐 아니라 타인 앞에서도 할 수 있다. 앞서 살펴보았듯이, 바울은 하나님이 데살로니가 교인들의 삶에서 이루신 일에 대해 하나님께 감사드릴 뿐 아니라 그들을 다른 성도들의 본보기로 추켜세워 준다. 그의 두 번째 편지는 이렇게 시작한다.

> 형제들아 우리가 너희를 위하여 항상 하나님께 감사할지니 이것이 당연함은 너희의 믿음이 더욱 자라고 너희가 다 각기 서로 사랑함이 풍성함이니 그러므로 너희가 견디고 있는 모든 박해와 환난 중에서 너희 인내와 믿음으로 말미암아 하나님의 여러 교회에서 우리가 친히 자랑하노라(살후 1:3-4).

데살로니가 사람들의 인내와 믿음은 다른 교회들에 자랑할 만한 명분이다. 이는 질투심이나 경쟁심을 유발하기 위한 것이 아니라 고난 가운데 있는 다른 신자들이 그늘을 본보기 심아 힘을 얻게 하기 위한 것이다. 바울은 대적 앞에 굳건히 설 용기가 필요한 자들을 위해 이제껏 많이 견뎌 온 이 초신자들을 빛나는 본보기로 사용한다.

이것이 바로 그리스도인인 우리가 우리의 말로 이루고자 하는 바이기도 하다. 우리가 경건하게 성장하고 신실하게 섬기며 시련을 견디고 삶으로 하나님의 영광을 선포하는 형제자매들에게 주의를 집중시키는 것은, 다른 사람들이 질투심이나 열등감을 느끼게 하려는 의도가 아니다. 오히려 그들을 자극해서 하나님을 믿게 하려는 것이다.

사람들의 인생에서 일하시는 하나님의 역사 덕분에 그들을 칭찬하는 것은 우리에게도 긍정적인 영향을 준다. 누군가를 비난하고 불평하려는 유혹에 빠질 때, 혹은 좌절감과 분노를 느낄 때, 그들의 칭찬거리와 장점을 떠올리기 위해 멈추는 것은 우리의 관점과 태도를 변화시킨다. 우리의 생각을 언어화하지 않더라도, 긍정적인 면에 집중하기로 선택하는 것은 화를 내거나 불친절하게 말하거나 다른 식으로 죄를 짓는 것을 막아 준다.

그리스도의 메아리

우리는 하나님이 친구나 교회 식구의 인생에서 행하신 일을 찬양할 때 그것이 그분의 일하심임을 분명히 하기를 원한다. 칭찬의 핵심은 자존감을 높이려는 게 아니다! 우리는 하나님이 그들의 인생에서 하신 일을 우리가 얼마나 기뻐하는지 표현함으로써 친구를 격려해야 한다. 더불어 우리가 하나님이 그분의 일하심을 이어 가시고 그들로 인해 영광 받으시기를 기도하고 있다고 그들에게 알려 주어야 한다. 다음은 바울이 데살로니가 신자들을 위해 한 기도다.

> 이러므로 우리도 항상 너희를 위하여 기도함은

> 우리 하나님이 너희를 그 부르심에 합당한 자로 여기시고
> 모든 선을 기뻐함과 믿음의 역사를 능력으로 이루게 하시고
> 우리 하나님과 주 예수 그리스도의 은혜대로 우리 주 예수의
> 이름이 너희 가운데서 영광을 받으시고
> 너희도 그 안에서 영광을 받게 하려 함이라(살후 1:11-12).

당신은 어떨지 모르겠지만, 만약에 교회 식구들이 나를 위해 저렇게 믿음을 불어넣는 기도, 열매를 맺는 기도 그리고 그리스도를 높이는 기도를 하고 있다면, 그 사실을 알고 싶을 것 같다. 나는 데살로니가 성도들을 위해 저렇게 기도한 바울의 모범에 도전받는다.

다른 사람의 좋은 점을 칭찬하는 것은 하나님의 영광과 은혜를 간증하는 것이다. 믿지 않는 사들을 칭찬할 때도 마찬가지다. 샘 크랩트리는 그의 명저『긍정의 실천』(*Practicing Affirmation*)에서 이렇게 말한다. "다른 사람에게 칭찬할 거리가 있다면, 그것은 어떤 면에서 그들이 찬양받기에 가장 합당하신 분, 모든 복과 탁월함의 원천이신 분의 성품을 메아리처럼 반영하기 때문이다"(30쪽).

그리스도인들과 비그리스도인들은 모두 하나님의 선하심과 은혜의 속성을 반영할 수 있다. 둘 다 그분의 성품의 '메아리'가 될 수 있다. 그러므로 우리는 속히 이런 메아리를 주목하여 그분께 찬양을 돌려야 한다.

어쩌면 이런 생각이 당신에겐 생소할지 모르겠다. 하지만 잠시 멈추어서 (그 메아리가 아무리 작더라도) 이번 주에 당신이 만난 사람들의 인생에서 보았던, 메아리치는 하나님의 속성을 생각해 보라. 누군가 당신에게 관용과 친절을 보였는가? 당신의 연약함을 인내하고 당신의 실패를 용서했는가? 긍휼의 행위가 당신의 관심을 끌었는가? 이것들은 모두 하나님의 형상을 지닌 자들 안에서 하나님의 영광을 반영하기에 당신에게 그분을 보여 주신 하나님께 감사하라. 그리고 가능하다면 하나님을 계시하는 통로가 되어 준 그 사람에게도 감사하라.

합창에 참여하기

내가 이번 장을 맨 마지막에 둔 이유는, 칭찬은 앞 장들에서 다룬 내용을 실천에 옮기는 방법이라고 생각하기 때문이다. 칭찬은 화나 비난보다 더 지혜로운 반응이고 칭찬이 참이라면, 그것은 의미가 있다. 칭찬은 아름다움을 기리는 방법이며 위로를 가져다 줄 수 있다. 또 칭찬은 친절이고 칭찬은 완전한 변화(영화(榮化)를 가리킨다—역주)를 향한 우리의 소망을 가리킨다. 사람을 칭찬하는 것은 하나님을 영화(榮華)롭게 하는 동시에 이웃을 격려하는 놀라운 방법이다.

그런데 이 모든 것을 하기 위한 최고의 방법은, 그리스도인답게 말하는 최고의 방법은 하나님을 찬양하는 것이다. 3장에서 우리는 일상에서 경험하는 하나님의 선하심 때문에 하고 싶어지는 아름다운 말을 익히는 것에 대해 생각해 보았다. 우리 세상의 덕이 되고 칭송할 만한 것들을 그리스도인으로서 생각하고 말하기로 선택하면, 우리의 마음은 가장 덕이 되고 가장 칭송할 만한 분께로 가까이 이끌리게 될 것이다. 결국 우리는 침묵하고만 있을 수는 없을 것이다!

C. S. 루이스는 『시편 사색』(Reflections on the Psalms, 홍성사 역간)에서 "우리는 우리가 즐거워하는 것을 칭찬하기를 기뻐한다. 왜냐하면 칭찬은 그 즐거움을 드러낼 뿐 아니라 완성하기 때문이다"(96쪽)라고 말한다. 하나님의 선하심과 아름다우심을 깨닫는 것만으로는 불충분하다. 그것에 대한 우리의 인정이 표현되어야 한다. 하나님의 선하심에 대한 우리의 묵상을 서리낌 없이 생동감 넘치는 찬양으로 바꾸는 일은 하나님을 즐거워함을 완성하는 일이다.

하지만 이것은 우리에게 자연스러운 일은 아니다. 왜냐하면 우리의 분주한 삶에서 하나님을 찬양하기 위해 충분히 속도를 늦추는 것이 어렵기 때문이다. 사실 우리의 기도는 성급히 아뢰는 요청이나 좌절, 두려움, 절망이 담긴 한 단어가 될 때가 많다. 물론 이런 기도가 틀렸다는 것은 전혀 아니다. 우리는 성령님이 우리의 말할 수 없는 탄식까지도 하나님이 기꺼이 응답하시는 기도로 통역하신다는 사실을 알기 때문이다(롬 8:26).

그런데 우리가 시간을 들여 하나님이 누구신지, 우리의 인생과 그분의 세상에서 하나님이 무엇을 하시는지를 묵상하며 그분을 찬양할 때, 하나님을 즐거워하는 우리의 즐거움이 강화되고 완성된다.

데살로니가 신자들에게 보낸 편지에서 바울의 하나님을 향한 찬양은 말씀의 능력(살전 1:5; 2:13), 신자의 삶을 변화시키는 사역(살전 3:7-9; 살후 2:13), 불변하시는 성품(살전 5:23-24; 살후 1:6; 3:3)에 집중되어 있다. 마찬가지로, 다른 편지에서 바울은 하나님의 말씀(딤후 3:16)과 사역(골 2:13-15)과 성품(롬 11:33-36)으로 인해 그분을 찬양한다.

이것은 우리가 시편에서도 발견하는 패턴이다. 시편 기자들은 하나님의 성품(시 9:7-10; 18:1-2; 89:1-2, 5-8; 106:1)과 사역(시 92:4-5; 105:1-2; 150:2)과 말씀(시 19:7-8; 33:4, 6, 9; 119:89, 105, 111)으로 인해 그분을 찬양한다. 그래서 하나님의 말씀과 사역과 성품, 이 세 가지는 좋은 출발점이 된다.

오늘날 우리는 하나님의 성품 중 어떤 면에 감사할 수 있을까? 당신은 누군가의 삶을 변화시키는 그분의 사역을 어디에서 보았는가? 최근에 당신에게 격려와 위로와 도전이 된 말씀은 무엇이었는가? 잠시 멈추어서 이것들을 허락하신 그분을 찬양하라.

그러고는 하나님과의 대화시간 중에서 찬양을 위해 정기적으로 시간을 떼어 놓을 방법을 생각해 보라. 당신의 하루에는 하나님의 성품을, 사역을 그리고 말씀을 묵상하며 그분을 찬양할 수 있는 순간들이 있는가? 내가 발견한 방법을 말하자면, 점심시간에 그때까지 경험한 그분의 선하심과 신실하심으로 인해 하나님께 감사를 드리면서 잠시 멈추어 찬양의 기도를 드리는 것이 나는 유익했다. 그리고 아침에 성경을 읽을 때, 역사 속에서 하나님이 백성에게 행하신 일과 백성을 통해서 이루신 일에 관해 읽었던 부분을 토대로 짧게 찬양의 기도를 적으려고 노력했다. 물론 당신의 생활 리듬과 습관은 나와 다르겠지만, 어떤 방법이 당신에게 좋을지 생각해서 계획을 세워 볼 것을 권한다. 만일 계획을 세우지 않으면, 그것을 습관화하기가 어려울 것이다!

시편 19편은 창조 세계가 언제나 하나님을 찬양하고 있음을 상기시킨다.

> 하늘이 하나님의 영광을 선포하고
> 궁창이 그의 손으로 하신 일을 나타내는도다(시 19:1).

이 시편을 기록한 다윗은 창조 세계가 꾸준히 하나님의 영광을 증언하고 있다고 말한다. 말로 표현을 못해도 하늘이 그분의 위대하심을 밤낮으로 선포하고 온 세상이 찬양을 듣고 있다. 그래서 싱어송라이터인 앤드루 피터슨은 이렇게 말한다.

무슨 방법으로든 창조 세계가 (하나님의 위대한 신실하심을) 선포할 것이기에, 뛰어들어 … 그 합창에 참여하자(『어둠의 아름다움』[Adorning the Dark]).

돌들과 함께 외치라

하나님을 찬양하는 일은 우리가 홀로 해야 할 게 아니다. 교회 가족으로 소속되는 기쁨 중 하나는 우리가 매주 함께 하나님을 찬양하게 된다는 것이다. 그리고 함께 하나님을 찬양하는 일은 하나님을 영화롭게 하는 동시에 다른 이들을 격려할 수 있는 방법이다.

도널드 휘트니는 『A+ 크리스천은 이렇게 믿는다』(Spiritual Disciplines Within the Church, 디모데 역간)에서 스포츠 경기가 텔레비전을 통해 수백만 명의 시청자에게 방영될 때 우승팀이 더 많은 영광을 얻는 것처럼 하나님도 그분의 백성이 개개인으로서보다 함께 예배할 때 더 많은 영광을 받으신다고 설명한다. 그는 이렇게 말한다. "공적인 영광은 사적인 영광보다 더 많은 영광을 가져오는 게 분명하다. 마찬가지로, 하나님은 당신이 홀로 예배할 때보다 당신이 교회와 더불어 예배할 때 더 많은 영광을 받으신다"(77쪽).

이것은 공동의 찬양을 우위에 두어도 좋을 충분한 근거다. 함께 찬양하는 일은 우리 각자에게도 유익하다. 생명을 주고 치유하며 변화시키기 때문이다. 그리고 함께 하나님을 찬양하는 일은 삶에서 중요한 무언가를 놓쳤을 때 우리의 관점을 새롭게 해 준다. 우리가 서로에게 속해 있음을 일깨워 주고 마땅히 해야 할 만큼 서로를 가치 있게 여기며 존중하도록 격려한다. 또 우리의 고통과 고난을 영원의 관점에서 보도록 도와주고 이 땅에서의 삶이 고될 때 인내하도록 준비시킨다. 이 세상에는 하나님의 사람들이 정기적으로 모이는 것을 방해하고 그 가치를 폄훼하는 것들이 많다. 하지만 하나님의 선하심과 영광을 조금이나마 엿본 사람들은 함께 그분을 찬양하는 일에 동참하는 것에서 큰 기쁨을 느낄 것이다. 게다가 이것은 우리가 영원토록 할 일이기에, 지금부터 연습하자!

복음서에서 내가 좋아하는 장면 중 하나는 예수님이 감람산에서 예루살렘으로 내려오실 때인데 그때 제자의 무리가 경배하며 따른다. 자기들이 목격한 모든 기적으로 인해 그들이 큰 소리로 하나님을 찬양하자, 바리새인들은 예수님께 그들을 꾸짖으라고 말한다. 이에 예수님이 이렇게 대답하신다.

> 내가 너희에게 말하노니 만일 이 사람들이 침묵하면
> 돌들이 소리 지르리라 하시니라(눅 19:40).

시편 148편이 말해 주듯이, 언젠가는 모든 피조물이 하나님을 찬양하는 일에 함께 참여할 것이다. 천사, 군대, 해와 달, 밝은 별들, 하늘의 하늘, 하늘 위에 있는 물들, 불과 우박과 눈과 안개, 광풍, 산들과 작은 산, 과수와 백향목, 짐승과 가축, 기는 것과 나는 새, 세상의 왕들, 총각과 처녀, 노인과 아이들이 말이다. 침묵하지 말자. 모든 피조물과 함께 하나님을 찬양하자. 결국, 그리스도인이 궁극적으로 말해야 할 '옳은 것'은, 가장 그리스도인다운 말은 바로 이것이다. "예수님은 찬양받기에 합당하시다!"

묵·상·질·문

1. 당신이 더 하나님을 찬양하고 사람들을 칭찬하는 것을 방해하는 것이 무엇인가? 이번 장은 어떻게 당신이 일상에서 칭찬을 우선순위에 두도록 북돋워 주는가?

2. 당신의 지인 중에 그들이 원하는 만큼 영적인 성숙을 이루지 못한다고 느끼는 사람이 있는가? 그들이 인내하도록 동기를 부여하고 격려할 수 있는 특별한 칭찬의 말은 무엇일까?

3. 최근에 당신의 친구나 가족이나 이웃이나 동료의 모습 속에서 하나님의 성품의 메아리를 보았던 경우가 있는가? 하나님을 영화롭게 하는 방식으로 어떻게 그들을 칭찬할 수 있을까?

4. 바울은 "우리가 너희 모두로 말미암아 항상 하나님께 감사하며 기도할 때에 너희를 기억함은"(살전 1:2)이라고 말한다. 잠시 하나님이 당신의 삶에 두신 사람들을 기억하며 하나님을 찬양하는 시간을 가지라. 각 사람의 필요에 맞게 격려할 수 있도록 하나님이 당신의 말을 사용해 주시기를 기도하라.

감사의 말

이 책을 쓰는 동안 나를 위해 기도하고 격려해 준 모든 분께 감사드립니다.

나의 가장 좋은 친구 리처드, 나를 조건 없이 사랑하고 열정적으로 지지하며 희생적으로 섬겨 주어서 고맙습니다. 글쓰기와 내 삶이 고될 때 견딜 힘을 주어서 감사합니다. 당신을 통해 예수님을 볼 수 있었습니다.

티아나와 제드, 당신들이 너무나 자랑스럽고 하나님이 당신들 앞에 두신 모든 선한 일을 어서 빨리 보고 싶습니다. 무엇보다도 예수님을 사랑하되 전심으로 사랑하기를 바랍니다.

사랑하는 친구들과 가족들, 내가 그리스도인이 해야 할 옳은 말을 깨닫도록 사랑으로 채질해줘서 고맙습니다.

우드그린교회 가족들, 내 인생은 여러분으로 인해 더욱 풍요롭습니다.

나의 편집자요 친구인 케이티 모건, 당신의 부드러운 격려와 지혜로운 조언은 나에게 선물과 같습니다. 이 책을 위해 수고해주고 겸손과 은혜의 본이 되어줘서 고맙습니다.

굿북컴퍼니 팀, 여러분 곁에서 다시 한번 섬길 수 있는 특권을 누리게 해주심에 감사합니다.

"나의 구원자, 나의 은혜로우신 하나님, 내가 사는 동안 날마다 주님의 아름다움과 사랑이 나를 따릅니다. 할렐루야!"

사명선언문

너희가 흠이 없고 순전하여······세상에서 그들 가운데 빛들로
나타내며 생명의 말씀을 밝혀 _ 빌 2:15-16

1. 생명을 담겠습니다
만드는 책에 주님 주신 생명을 담겠습니다.
그 책으로 복음을 선포하겠습니다.

2. 말씀을 밝히겠습니다
생명의 근본은 말씀입니다.
말씀을 밝혀 성도와 교회의 성장을 돕겠습니다.

3. 빛이 되겠습니다
시대와 영혼의 어두움을 밝혀 주님 앞으로 이끄는
빛이 되는 책을 만들겠습니다.

4. 순전히 행하겠습니다
책을 만들고 전하는 일과 경영하는 일에 부끄러움이 없는
정직함으로 행하겠습니다.

5. 끝까지 전파하겠습니다
모든 사람에게, 땅 끝까지, 주님 오시는 그날까지
복음을 전하는 사명을 다하겠습니다.

서점 안내

광화문점	서울시 종로구 새문안로 69 구세군회관 1층 02)737-2288 / 02)737-4623(F)
강남점	서울시 서초구 신반포로 177 반포쇼핑타운 3동 2층 02)595-1211 / 02)595-3549(F)
구로점	서울시 동작구 시흥대로 602, 3층 302호 02)858-8744 / 02)838-0653(F)
노원점	서울시 노원구 동일로 1366 삼봉빌딩 지하 1층 02)938-7979 / 02)3391-6169(F)
일산점	경기도 고양시 일산서구 중앙로 1391 레이크타운 지하 1층 031)916-8787 / 031)916-8788(F)
의정부점	경기도 의정부시 청사로47번길 12 성산타워 3층 031)845-0600 / 031)852-6930(F)
인터넷서점	www.lifebook.co.kr